KATALOGE DES LANDESMUSEUMS OLDENBURG
herausgegeben von Peter Reindl
Band 2

Ernst Thoms um 1927

LANDESMUSEUM OLDENBURG

ERNST THOMS

ein Hannoveraner Maler der Neuen Sachlichkeit

von Karin Stempel

Ausstellung im Augusteum vom 28. April bis 6. Juni 1982

VERLAG ISENSEE · OLDENBURG

ISBN 3 920557 47 6

Umschlagbild: *Bildnis Toni Overbeck 1926*, Kat.-Nr. 6.

Fotos:
Kat.-Nr. 3, 4, 5, 17 Kunstmuseum Hannover mit Sammlung Sprengel (Elke Hanebuth)
Kat.-Nr. 7 Foto-Hoerner (Hannover)
Kat.-Nr. 6 Herzog-Anton-Ulrich-Museum Braunschweig (R. Keiser)
Kat.-Nr. 11 Historisches Museum am Hohen Ufer, Hannover
Alle übrigen Abbildungen Landesmuseum Oldenburg (H.-R. Wacker)

© 1982 by Verlag Isensee, Oldenburg - Alle Rechte vorbehalten
Gedruckt bei Isensee in Oldenburg - Printed in Germany - Imprimé en Allemagne

Inhalt

Vorwort 7

Einleitung 8

Hannover in den zwanziger Jahren 9

Die „Neue Sachlichkeit" 14

Einführung in die Bildwelt von Ernst Thoms 20

    1. Raum und Perspektive 21

    2. Porträts 27

    3. Landschaften 33

Biographische Daten 39

Liste der Ausstellungen 40

Katalog der ausgestellten Werke 43

Literaturverzeichnis 92

Vorwort

Das Landesmuseum Oldenburg verfügt seit Oktober 1981 mit dem Augusteum über ein Austellungsgebäude für die Kunst des 20. Jahrhunderts. In seinen Sammlungsbeständen sind in dieser Abteilung im Laufe der vergangenen Jahrzehnte Schwerpunkte entstanden, indem expressionistische und surrealistische Malerei neben derjenigen der Neuen Sachlichkeit stärker berücksichtigt worden ist. Das im Landesmuseum Oldenburg besonders umfangreich vertretene Œuvre Franz Radziwills berührt alle diese Aspekte.

Einerseits um die künstlerische Entstehungsgeschichte der Werke Franz Radziwills weiter zu erhellen, andererseits um die im Augusteum nur mit wenigen Bildern oder - wie in diesem Falle - nur mit einem Bild vertretenen Künstler unseren Besuchern deutlicher vor Augen zu führen, sollen Ausstellungen wie die jetzt für Ernst Thoms unternommene dienen. Sie wird die streckenweise ähnliche Tendenz und letzten Endes natürlich auch die Unvergleichlichkeit eines künstlerischen Werkes - selbst bei gleicher Nation und gleicher Zeitlage - mit jedem anderen aufzeigen. Dabei erhoffen wir von dieser Ausstellung ein erweitertes Verständnis für die Kunst unseres Jahrhunderts.

Es bedarf nicht einer besonderen Hervorhebung, daß das Landesmuseum Oldenburg mit Ernst Thoms' Bildnis des kranken Malers eines der zwar - im Vergleich mit expressionistischen Gemälden - keineswegs farbenfreudigen Bilder, aber einen Höhepunkt neusachlicher Bildniskunst besitzt; ein Werk, welches das individuelle, bürgerliche Porträt verlassen hat auf dem Weg zu einem typologischen Menschenbild seiner Zeit.

Dank gilt in erster Linie dem Maler Ernst Thoms und seiner Tochter, Frau Juliane Ische-Thoms, die das Vorhaben in jeder Weise unterstützt haben. Ferner ist allen öffentlichen und privaten Leihgebern zu danken - insbesondere dem Kunstmusem Hannover - die durch ihr großzügiges Entgegenkommen diese Ausstellung erst ermöglichten. Des weiteren ist allen jenen Mitarbeitern des Landesmuseums Oldenburg zu danken, ohne deren Hilfe diese Ausstellung nicht zu verwirklichen gewesen wäre; insbesondere gilt mein Dank Frau Dr. Karin Stempel für Ausstellungsvorbereitung, Katalogbearbeitung und Einführung.

Peter Reindl

Einleitung

1926 kaufte Alexander Dorner, Leiter des Provinzialmuseums Hannover, das Bild „Dachboden" von Ernst Thoms. Hintergrund für diesen Ankauf war eine Ausstellung in der Kestner-Gesellschaft, die erstmals das Werk des damals dreißigjährigen Malers einer größeren Öffentlichkeit vorstellte.
Bereits seit sechs Jahren lebte und arbeitete Ernst Thoms in Hannover, seit vier Jahren hatte er sein eigenes Atelier, einen Dachboden in der Calenberger Straße 23 (heute 13). Doch man wußte wenig oder nichts von diesem Künstler, der sich seinen Lebensunterhalt als Reklamezeichner und Arbeiter an den Städtischen Bühnen Hannover verdiente, wo er Prospekte malte. Doch nebenher waren Bilder entstanden. Einem Freund des Malers, dem Künstler Hans Seutemann, der sich für das Werk von Ernst Thoms einsetzte, ist es zu verdanken, daß die Ausstellung im Herbst 1926 in der Kestner-Gesellschaft zustande kam. Damit war der Durchbruch in die Öffentlichkeit gelungen, dem bald auch die Anerkennung außerhalb der Grenzen Hannovers folgte. Thoms war ein Begriff geworden. Das geflügelte Wort, das in Hannoveraner Künstlerkreisen kursierte „Ei, ei, wer thomst denn da!" belegt, daß seine künstlerische Individualität erkannt und zum Markenzeichen geworden war.
Doch was bedeutete diese plötzliche Popularität? In welchem Ambiente lebte und arbeitete Ernst Thoms?

Hannover in den zwanziger Jahren

Die Hannoveraner sind die Bewohner einer Stadt, einer Großstadt. Hundekrankheiten bekommt der Hannoveraner nie. Hannovers Ratshaus gehört den Hannoveranern, und das ist doch wohl eine berechtigte Forderung. Der Unterschied zwischen Hannover und Anna Blume ist der, daß man Anna von hinten und von vorn lesen kann, Hannover dagegen am besten nur von vorne. Liest man aber Hannover von hinten, so ergibt sich die Zusammenstellung dreier Worte: „re von nah". Das Wort „re" kann man verschieden übersetzen: „rückwärts" oder „zurück". Ich schlage die Übersetzung „rückwärts" vor. Dann ergibt sich also die Übersetzung des Wortes Hannover von hinten: „Rückwärts von nah". Und das stimmt insofern, als dann die Übersetzung des Wortes von vorn lauten würde: „Vorwärts nach weit". Das heißt also: Hannover strebt vorwärts und zwar ins Unermeßliche. Anna Blume hingegen ist von hinten wie vorn: A-N-N-A.
(Hunde bitte an die Leine zu führen.)
Kurt Schwitters, 1922

Anna Blume war gerade erblüht, Kurt Schwitters hatte die „Merz-Stürme" entfacht und durch die Straßen Hannovers galoppierten „Die Silbergäule". Johann Frerking, aufmerksamer Beobachter der künstlerischen Szenerie weiß in seinen skizzenhaften Impressionen etwas von der faszinierenden Umbruchstimmung, die Hannover erfüllt, zu berichten. Ambivalent, noch im Alten befangen, tun sich neue Welten auf, die in ihrer Eigenart erfaßt sein wollen.
„Außen um die Häuser weht immer noch der alte „Noblessenwind", der schon vor hundert Jahren den Poeten an die Nerven griff. Die letzten Welfen bauten eine besondere, mit doppelten Baumreihen besetzte Straße, die nur tote Könige befahren sollten. Dem Kömmling zum Gruße zeigt ein gewesener Landesvater seine und seines Pferdes wuchtige Kehrseite. Lat meck tofreden! Kein Klima für Neuerer. (...) Und doch: Phantastisches Hannover! Nicht nur in der Altstadt unter den Türmen der vier Stadtkirchen, wo lustige Schänken noch vor kurzem das Stadtgetränk Broyhan mit Schluck (sprich: Lüttje Lage) jedwede getreue Opposition flotthielt; nicht nur in der Burgstraße, wo Trödler und Pfandleiher jetzt die großen Häuser besetzt haben, in denen ehedem die fremden Gesandten residierten; nicht nur am Hohen Ufer, wo um das alte Beduinenkloster herum die anspruchsloseren Horizontalen ihren Kriegspfad ausgetreten haben - die ganze Stadt webt und wimmelt von phantastischen Wesen und Dingen."[1] Hannover war aufge-

---

1) Johann Frerking, Phantastisches Hannover, in: „Das Hohe Ufer," Erster Jahrgang 1919, zit. nach Kunstverein Hannover (ed.), Die Zwanziger Jahre in Hannover, Hannover 1962, S. 85.

wacht. Aus der Provinzstadt hatte sich Hannover zu Beginn der zwanziger Jahre zu einer der führenden Kunststädte der Weimarer Republik lk entwickelt. Kurt Schwitters und Raoul Hausmann, der Konstruktivismus eines El Lissitzky fanden hier ein Publikum.[2] Die Gründung der Kestner-Gesellschaft lk am 10. Juni 1916 darf wohl als richtungsweisend angesehen werden. Hatte man sie zunächst auch abgelehnt, - „weil sie angeblich Malerei bringen werden, die allen ernsten Anschauungen von hoher Kunst zuwiderliefe, Expressionismus, Kubismus, Futurismus und andere Richtungen, mit denen man erschreckliche Vorstellungen ... verbindet"[3] - gelang es ihr doch sich innerhalb kürzester Zeit als ein Zentrum der Avantgarde-Kunst zu etablieren. 1919/20 zeigte die Kestner-Gesellschaft Werke von Paul Klee und Lyonel Feininger, 1922/23 Werke von Moholy-Nagy, im Dezember 1924 sprach hier Kandinsky über Abstrakte Kunst.[4]

Der künstlerische Leiter der neugegründeten Gesellschaft, Dr. Paul Erich Küppers, förderte aber auch einheimische Künster. Er bot der 1917 gegründeten Hannoverschen Sezession, die sich von der Kunstgenossenschaft und vom Kunstverein getrennt hatten, die Möglichkeit, ihre Werke in der Öffentlichkeit zu zeigen. Hier fand im Frühjahr 1918 die erste Ausstellung der Sezessionisten statt, die sich „gegenüber dem Malergewerbe, das sich heute Kunst nennt und gegenüber dem unechten Expressionismus des Viertelgebildeten"[5] zu behaupten suchten. Wilhelm Plünnecke sagte im Katalog zur ersten Ausstellung der Sezessionisten dieser Kunst den Kampf an und erklärte programmatisch:

„Wir wollen in unserer Ausstellung hannoverscher Künstler zeigen, daß auch in Hannover eine neue Kunst wächst, daß auch in Hannover sich der erhabene und glühende Wille manifestiert, die Kunst eine Neuwerdung, eine Reinigung, eine Befreiung erleben zu lassen; sie, die sich wieder auf sich selbst besinnt, aufzubauen aus der Enge und Gebundenheit als das steil leuchtende Ideal, das seinen Glanz ausstrahlt in unsere hingerissenen Herzen. Unsere Versuche sollen dokumentieren, daß auch in Hannover Künstler um die Eroberung des neuen Lebensgefühls stark bemüht sind, daß Hannover unter den Städten Deutschlands nicht länger hintenanstehen will in der Kunst."[6]

Trotz dieses emphatischen Ausblicks erwies es sich schon nach kürzester Zeit, daß diese Sezession eine Vereingung von „Einspännern"[7] war, die kein bestimmtes Programm band. Bereits 1920 kam es zu einem Bruch innerhalb der Sezession.

Anlaß dazu gab das Katalogvorwort zur dritten Ausstellung der Sezession, in dem Bernhard Dörries sich dezidiert gegen die irrationale, solipsistische Kunst der Expressionisten aussprach, „weil ihre Schöpfungen gefangen sind von dem phantastischen Reiz der toten Dinge, und ihre Jugend allzuviel weiß, und ihre Bilder doch nur Spiegelung ihrer eigenen Seele und keine Erfüllung bedeuten." Statt dessen forderte er, daß man an die Tradition, die Werke der Alten Meister, anknüpfen und „die lange vernachläßigten Ge-

---

2) Vgl. dazu Volker Detlef Heydorn, Deutsche Kunstzentren zwischen 1918 und 1933 - die Malerei in Hannover -, in: „Von Atelier zu Atelier," Nr. 9, 1962, S. 105-110.

3) Hans Kaiser, Kestner-Gesellschaft, in: Hannoverscher Kurier vom 13. März 1917, zit. nach Kunstverein Hannover (ed.), Die Zwanziger Jahre in Hannover, Hannover 1962, S. 12. Vgl. dazu auch die Äußerungen von Paul Erich Küppers „Für das Neue" im Vorwort des 2. Katalogs der Kestner-Gesellschaft, wiederabgedruckt in: Kunstverein Hannover (ed.), Die Zwanziger Jahre in Hannover, Hannover 1962, S. 25.

4) Vgl. dazu das Kapitel „Die Kestner-Gesellschaft", in: Kunstverein Hannover (ed.), Die Zwanziger Jahre in Hannover, Hannover 1962, S. 21-37, bes. S. 27/28.

5) Wilhelm Plünnecke, Katalogvorwort zur Ausstellung hannoverscher Künstler in der Kestner-Gesellschaft 1917, wiederabgedruckt in: Kunstverein Hannover (ed.), Die Zwanziger Jahre in Hannover 1962, S. 40.

6) Ibd. S. 42.

7) Johann Frerking, Hannoversche Kunst, in: Katalog zur Ausstellung Hannoversche Kunst anläßlich des zehnjährigen Jubiläums der Kestner-Gesellschaft 1926, wiederabgedruckt in: Kunstverein Hannover (ed.), Die Zwanziger Jahre in Hannover, Hannover 1962, S. 42.

setze strenger Bildkompositionen in Farbe und Licht" wieder befolgen solle.⁸

Das Kunstwerk zeichnet ihm zufolge „neben ursprünglichem Gehalt auch eine durchgearbeitete Form aus". Das Vorwort schloß mit einer programmatischen Forderung:

„Eine Forderung, die inmitten der Zeit der Willkür und allgemeinen Zerrüttung zu strenger Selbstzucht ruft und uns in Opfer und Dienst das Glück verheißt, das uns die Freiheit nicht zu geben vermochte. Eine Forderung endlich, die die Überlieferung der Alten Meister wieder aufnimmt, an denen wir die besonnene Gestaltungskraft ebenso lieben wie ihre selbstvergessene Begeisterung, deren verhaltene Glut, zwar niemals zu blendener Flamme aufschlagend, um so nachhaltiger wärmt."⁸

Als Entgegnung auf dieses Vorwort erschien unmittelbar darauf im 6. Heft des „Zweemann" eine gemeinsame Erklärung von Max Burchartz, Otto Gleichmann, Lotte Gleichmann-Giese, Otto Hohlt und Kurt Schwitters, die als Mitglieder der Hannoverschen Sezession gegen diese Kunstauffassung protestierten. Sie erklärten demgegenüber:

„Uns ist Kunst immer geformter Ausdruck religiösen Erlebens, und wir erkennen in den wertvollen Werken aller Zeiten, auch der unserigen, die immer ursprüngliche Schöpfungen einzelner Menschen waren und sind, den gleichen inneren Wesenskern in immer neuer Form.

Wir lehnen es ab, irgendwelchem Schul- und Richtungswesen jene übermäßig große Bedeutung beizulegen, wie es heute häufig geschieht.

Ein bewußtes Zurückgreifen auf sogenannte Tradition widerspricht jeglichem schöpferischen Gestalten."⁹

Damit waren die unterschiedlichen Standpunkte ausgesprochen, die sich auch in den Werken der Künstler manifestierten. Während in den Arbeiten der „Zweemann-Gruppe" die Orientierung an aktueller, zeitgenössischer Kunst und die Suche nach eigenen, neuen Wegen überwog, zeichnete sich die zweite Gruppe vor allem durch die Auseinandersetzung mit der Tradition und die Wiederaufnahme von herkömmlichen Mitteln der Bildgestaltung aus.

Zu dieser letzten Gruppe gehörte auch Fritz Burger-Mühlfeld, der seit 1907 als Leiter der Graphik-Klasse an der Werkkunstschule in Hannover unterrichtete, wo ihm 1918 ein Professorentitel verliehen wurde.¹⁰

Als Ernst Thoms 1920 nach Hannover kam, besuchte er die Klasse dieses Mannes. Zwar dauerte das Studium von Ernst Thoms nur ca. sechs Monate, dennoch waren Verbindungen geknüpft, die für die weitere Laufbahn des jungen Künstlers entscheidend werden sollten. Aus der Schülerschar von Fritz Burger-Mühlfeld fand sich nämlich zu dieser Zeit ein Kreis junger Künstler zusammen, der als die hannoversche Gruppe der Neuen Sachlichkeit bekannt werden sollte. Zu ihr gehörte Fritz Busack, Grethe Jürgens, Gerta Overbeck, Erich Wegener, Hans Mertens, Karl Rüter und schließlich Ernst Thoms.

Obwohl sich diese „Gruppe" nie tatsächlich förmlich konstituierte – es gibt weder ein Gründungsdatum noch ein programmatisches Manifest wie etwa für andere zeitgenössische Künstlergruppierungen – haben diese Künstler „jahrelang so eng zusammengehört, daß sie im Bewußtsein der Öffentlichkeit als Gruppe galten und gelten konnten."¹¹

---

8) Bernhard Dörries, Vorwort im Katalog der 3. Ausstellung der Hannoverschen Sezession in der Kestner-Gesellschaft 1920, wiederabgedruckt in: Kunstverein Hannover (ed.), Die Zwanziger Jahre in Hannover, Hannover 1962, S. 43.
9) Max Burchartz, Otto Gleichmann, Lotte Gleichmann-Giese, Otto Hohlt, Kurt Schwitters, Erklärung zum Katalogvorwort von Bernhard Dörries, in: „Der Zweemann", erste Jahresfolge, 6. Heft, April 1920, wiederabgedruckt in: Kunstverein Hannover (ed.), Die Zwanziger Jahre in Hannover, Hannover 1962, S. 43.
10) Vgl. dazu Werner Schumann, Burger-Mühlfeld, Niedersächsische Künstler der Gegenwart Bd. 10, Frankfurt/Berlin/Zürich 1967.
11) Vgl. dazu Kunstverein Hannover (ed.), Die Zwanziger Jahre in Hannover, Hannover 1962, Kapitel „Die Neue Sachlichkeit." S. 221-239, S. 222.

Eher als eine theoretisch fundierte Kunstanschauung oder ein Programm verband diese Künstler eine gemeinsame Haltung gegenüber der aktuellen Kunstszene: ein neuer Anfang sollte gemacht werden, nach allen Experimenten.
„Am Kunstleben hatten sie nicht teil. Zum Reisen fehlte das Geld, zum Studium der Kunstzeitschriften die Zeit, was außerhalb Hannovers vorging, blieb unbekannt, zur Avantgarde wollte man nicht gehören. So schildern Grethe Jürgens, Erich Wegener, Ernst Thoms die Jahre um 1926."[12]
Gemeinsam ist diesen Künstlern jedoch eine Vorliebe für bestimmte Themenkreise, eine bestimmte Malweise, eine motivische und stilistische Eigenart, die als „Neue Sachlichkeit" etikettiert worden ist. Der Begriff „Hannoveraner Gruppe der Neuen Sachlichkeit" bezeichnet weniger eine Gruppe, die selbst - etwa in Ausstellungen - gemeinsam als Gruppe explizit aufgetreten wäre, als die Gruppierung einer aktuellen Kunstrichtung, die die Werke dieser Künstler verbindet. Als solche wurden sie gesehen und rezipiert. Als Kennzeichen dieser Kunstrichtung, die nicht nur auf Hannover beschränkt war[13], sind im nachhinein folgende Merkmale genannt worden, die in ihrer Allgemeinheit bis zu einem gewissen Grade auch auf die Werke der Hannoveraner Gruppe zutreffen:

„Die Kunst der Neuen Sachlichkeit ist durch fünf entscheidende Momente zu charakterisieren: 1. die Nüchternheit und Schärfe des Blicks, eine unsentimentale, von Emotionen weitgehend freie Sehweise; 2. die Richtung des Blicks auf das Alltägliche, Banale, auf unbedeutende und anspruchslose Sujets, die fehlende Scheu vor dem ‚Häßlichen'; 3. einen statisch festgefügten Bildaufbau, der oft einen geradezu gläsernen Raum suggeriert, die allgemeine Bevorzugung des Statischen vor dem Dynamischen; 4. die Austilgung der Spuren des Malprozesses, die Freihaltung des Bildes von aller Gestik der Handschrift; und 5. schließlich durch eine neue geistige Auseinandersetzung mit der Dingwelt."[14]
Ernst Thoms nimmt innerhalb dieser Gruppe - wenn man von einer solchen sprechen will - eine Sonderstellung ein. Früh verließ er die Klasse von Burger-Mühlfeld und bildete sich als Eigenbrödler und Autodidakt weiter. Der Zusammenhalt zwischen den einzelnen Künstlern war ohnehin nur locker. Einige Künstler verließen sogar Hannover, wie etwa Gerta Overbeck, die sich von 1922 bis 1931 ihren Lebensunterhalt als Kunsterzieherin in Dortmund verdiente oder Erich Wegener, der sich in den Jahren 1921 bis 1925 für längere Zeit in Frankfurt, Dresden und Hamburg aufhielt. Private, freundschaftliche Beziehungen zwischen einzelnen Künstlern blieben erhalten. Als 1932 einige Mitglieder der „Gruppe" für kurze Zeit in Hannover eine Zeitschrift mit dem Namen „Der Wachsbogen" herausgaben, waren nur wenige der ehemaligen Schüler von Burger-Mühlfeld vertreten.[15]
Thoms Sonderstellung gründete sich vor allem auf seine relativ frühe Anerkennung als Künstler. Als einzelner errang er seine ersten Erfolge. Nach seiner Ausstellung in der Kestner-Gesellschaft wurde sein Werk rasch über die Grenzen Hannovers hinaus bekannt. 1927 wurde sein Bild „Alte Köchin" in der Ausstellung „Europäische Kunst der Gegenwart" in Hamburg gezeigt, im gleichen Jahr gewann er den zweiten Preis eines Nachwuchswettbewerbes in Berlin mit seinem Bild „Mädchen im Café". Ebenfalls 1927 veranstaltete die Galerie Naumann-Nierendorf

12) Kunstverein Hannover (ed.), Neue Sachlichkeit in Hannover, Hannover 1974, S. 5.
13) „Zentren" der Neuen Sachlichkeit waren vor allem Berlin, Dresden, Karlsruhe, Düsseldorf und München. Vgl. dazu Erich Steingräber (ed.), Deutsche Kunst der zwanziger und dreißiger Jahre, München 1979, S. 187 f.
14) Wieland Schmied, Neue Sachlichkeit und Magischer Realismus in Deutschland 1918 bis 1933, Hannover 1969, S. 26.
15) Vgl. zum „Wachsbogen" Kunstverein Hannover (ed.), Die Zwanziger Jahre in Hannover, Hannover 1962, S. 222, 225.

eine Einzelausstellung seiner Werke in Berlin und Bilder von Ernst Thoms wurden gleichzeitig auf den Ausstellungen dieser Jahre, die der Malerei der Neuen Sachlichkeit gewidmet waren - 1927 in Berlin, 1928 in Hannover, 1929 in Amsterdam -, gezeigt. Seine Zugehörigkeit zur Gruppe der „Neuen Sachlichkeit", als deren wichtigster Repräsentant in Hannover er galt, ist unangefochten. 1929 machte er sich zum Wortführer der jungen hannoverschen Künstler, die dieser Kunstrichtung folgten.

„Als um 1850 irgendein Maler seine ihm vertrauten Utensilien, Malstock und Malpinsel, vertauschte mit breitem, heilbringenden Pinsel und nun primär in viel kürzerer Zeit ein Bild herstellte, da war die Epoche des bis in unsere Tage reichenden Impressionismus angebrochen. Viele sind in diesem Zeichen selig geworden. Nur die Jungen passen nicht in den alten Herrenhimmel, sie müssen draußen bleiben und warten, bis ein neuer Geist sie ruft. Bis dahin ist viel Zeit, an sich zu denken. Das Malerhirn hilft nicht über Klippen - es wird wie immer die Hand sein, die Bilder malt. Allen Jungen wird nach vielem Hin und Her in Komposition, Abstraktion, Expression usw. der gestaltende Wille zum persönlichen Ausdruck verhelfen. Das Erreichen eines neuen malerischen Ausdrucks mit Hilfe disziplinierten geistigen und handwerklichen Schaffens wird uns wieder an einen Posten bringen, der lange verloren war. Der Künstler ist nicht um seiner selbst da, er ist ein Teil der Menschheit und nicht zuletzt befugt, allen Mitlebenden zuzurufen: Laßt die Toten ruhen und geht mit den Lebenden!"[16]

1930 bekannte er sich erneut öffentlich zu dieser Kunstrichtung, als deren Vertreter er apostrophiert worden war:

„Auf dem Wege der Expressionisten und Konstruktivisten geht es nicht weiter; beide haben kein Handwerk oder sie verdummen es, - sie wollen nur Geist. Wir haben heute keine Richtung -, das soll sagen: wir müssen Jahrzehnte arbeiten, genau wie die Impressionisten dreißig bis vierzig Jahre kämpfen mußten, bis sie da waren. Die Kunst muß für das Volk dasein und nicht für den Künstler und Kunstwissenden allein! Ich male jetzt alles, um mir einen Weg zu schaffen. Der Ausspruch: „Sachlichkeit ist keine Kunst und hat keine Kunstwert!" kann nur von einem Manne stammen, der die Kunst der Zeit nicht versteht."[17]

Dennoch ist trotz dieser Erklärungen die Zuordnung nicht unproblematisch. Was heißt sachlich, was Neue Sachlichkeit in dieser Zeit? Worin besteht eigentlich die Geschlossenheit dieser künstlerischen Gruppierung? Es geht hier weniger um die Schwierigkeiten, die sich daraus ergeben, wenn das Werk eines einzelnen Künstlers für eine bestimmte Stilrichtung reklamiert wird, als darum, daß die Kunstrichtung der „Neuen Sachlichkeit" selbst eine oszillierende, kaum greifbare Größe darstellt, in deren geschichtlicher Entstehung und Entwicklung die unterschiedlichsten Phänomene und Inhalte zusammentreffen.

---

16) Ernst Thoms, in: „Neue Wege der Malerei junger hannoverscher Künstler," Hannoverscher Anzeiger, vom 27. Januar 1929.
17) Ernst Thoms, in: „Der Abend", vom 29. November 1930.

Die „Neue Sachlichkeit"

„Es liegt in der Luft mit der Sachlichkeit, es liegt in der Luft mit der Sachlichkeit, es geht nicht mehr raus aus der Luft" (Schlagertext Ende der 20er Jahre).

Am 12. Juli 1932 berichtet Dr. Emil Strodthoff im Hannoverschen Tageblatt von einem Besuch im Atelier von Ernst Thoms in der Calenberger Straße. „Wesen und Denken hannoverscher Maler" - so der Titel der Serie - sollen dargestellt werden. Kaum verwunderlich, daß man in diesem Zusammenhang schnell bei der „Neuen Sachlichkeit" angelangt ist. Denn spätestens seit 1926 ist der Begriff Sachlichkeit zu einem Schlagwort in fast allen Bereichen des gesellschaftlichen Lebens geworden. Ob in Wirtschaft, Politik, Philosophie oder Kunstgeschichte - die Sachlichkeit ist en vogue.[1] Thoms erklärt in diesem Zusammenhang:

„Die „moderne Sachlichkeit", mit der man uns, mich und andere abstempelt, ist eine Kunstverlagserfindung, ein Hilfsinstrument und Schlagwort, von dem man sich nicht bluffen lassen darf. Wie es zustande kam? Als noch die Expressionisten wüst drauflos schluderten und plötzlich etwas ganz Besonderes zur Welt gebracht zu haben glaubten, als der Pinsel nichts anderes war, als der Blitzableiter für echte und unechte Extasen, die keinen zweiten und durchaus keinen dritten etwas abgingen, vernahm man in den Ateliers immer häufiger den besorgten Ruf nach Sachlichkeit, Zucht und Mäßigung."[2]

Er deutet damit das Phänomen der „Neuen Sachlichkeit ähnlich wie schon Helmut Reinbach im Hannoverschen Tageblatt 1926, der schreibt: „Gegenwärtig ist auf dem Gebiete der modernen Kunst die „Neue Sachlichkeit" die neueste Errungenschaft, die natürlich gleich emphatisch als die allein seligmachende Kunst der Zukunft von den Kunstgelehrten in den Himmel gehoben wird, und schon gibt man sich vielfach der zuversichtlichen Hoffnung hin, daß mit diesem neuesten Kunstbegriffe und Schlagworte der „überlebte" Expressionismus, Konstruktivismus und wie die Ismen sonst noch alle heißen mögen, einfach totgeschlagen und damit einfach abgetan seien. - An sich bedeutet natürlich diese „Neue Sachlichkeit", rein kunstkritisch betrachtet, lediglich die natürliche Reaktion gegen den vielfach überspannten, ausgearteten und künstlerisch willkürlichen „Expressionismus" im weitesten Sinne und ist diese Gegenwirkung mit ihrem gesunden Streben nach fester Form und klarer Gegenständlichkeit im Interesse der Kunst als solcher durchaus zu begrüßen; denn unbedingt ist dadurch ein not-

---

1) Vgl. dazu Fritz Schmalenbach, The term „Neue Sachlichkeit", in: Art Bulletin 1941, S. 161-165, und ders., Die Malerei der „Neuen Sachlichkeit", Berlin 1973.

wendiger Reinigungsprozeß zunächst innerhalb des „Expressionismus" erfolgt, indem die meisten „Mitläufer" auf diese Weise ihre bisherigen Ideale infolge plötzlicher Gesinnungsänderung über Bord geworfen haben und sich jetzt einmal in „Neue Sachlichkeit" versuchen."[3]

Die Neue Sachlichkeit als Reaktion auf die -ismen der zeitgenössischen Kunstrichtungen als Gegenposition zum Expressionismus, das ist ein Topos, der innerhalb der Diskussion um diesen Begriff immer wieder auftaucht. Doch diese Bestimmung ist lediglich negativ und sagt kaum etwas über die Neue Sachlichkeit aus. Jede neue Kunstrichtung ist als Reaktion auf etwas Vorangegangenes entstanden. Thoms Äußerung, die Neue Sachlichkeit sei eine Kunstverlagserfindung, weist allerdings schon auf einen wichtigen Umstand hin. Die Schwierigkeit, die sich stellt, wenn man sich mit dieser Kunstrichtung beschäftigt, besteht nämlich vor allem darin, daß man sich weder auf verbindliche Äußerungen oder Erklärungen von Künstlern, noch auf Manifeste einer geschlossen auftretenden Gruppe stützen kann. Selbst Beginn und Ende dieser Kunstrichtung sind Gegenstand unterschiedlicher Interpretationen.[4]

Dennoch scheint man zumindest folgendes feststellen zu können:

„Spätestens 1919 wird in Deutschland - nicht dem zurückblickenden Historiker, sondern der Zeit selber - eine neue Malereiströmung als Strömung - nicht punktweise - erkennbar, die der expressionistischen Malerei und anderen den Gegenstand deformierenden oder sich vom Gegenstand ablösenden Malereiformen eine neue Gegenstandstreue entgegensetzt, eine Gegenstandstreue, die etwas Betontes hat, und, was aber im Grunde das gleiche ist, nicht malerischer, sondern zeichnerischer Art ist."[5]

In mehreren kunstgeschichtlichen Schriften dieser Zeit wird dieses „erneuerte Interesse für die Welt auch der äußeren Gegenständlichkeit"[6] angesprochen und schon 1920 konstatiert G. F. Hartlaub in einem Artikel über den deutschen Expressionismus das Vorhandensein einer neuen Kunstrichtung, die er als „Neonaturalismus" bezeichnet.[7] 1922 schließlich führt die von Paul Westheim herausgegebene Zeitschrift „Das Kunstblatt" eine Umfrage zum Thema „Ein neuer Naturalismus?" durch. „Von der einen Seite", heißt es da, „wird dieser neue Naturalismus entschieden propagiert, die andere erblickt eine Gefahr darin, Schaffensziele, die auf schöpferische Formgestaltung gerichtet sind, preiszugeben".[8] Schriftsteller, Künstler, Kritiker wie etwa Edwin Redslob, E. L. Kirchner, W. Kandinsky, George Grosz, Otto Flake, Wilhelm Pinder und Wilhelm

2) Ernst Thoms, zit. nach Dr. Emil Strodthoff, Vom Wesen und Denken hannoverscher Maler - Pinsel und Palette in Hannover, in: Hannoversches Tageblatt Nr. 162 vom 12. Juni 1932.
Ähnlich äußert sich auch Otto Dix: „Im Grunde sind das alles so ... Hilfsbegriffe. Man erfindet damit sozusagen bequeme Fächer, die man nur aufzuziehen braucht, nicht wahr, dann ist da der bestimmte Typ drin. Expressionist, Realist und so weiter. Nur stimmt das eben nicht." Zit. nach Diether Schmidt, Otto Dix im Selbstbildnis, Berlin (DDR) 1981, S. 266.

3) Helmut Reinbach, Abstrakte Kunst in der „Sturm"-Ausstellung. Zur Sonderausstellung des Hannoveraners Karl Buchheister in Berlin, Hannoversches Tageblatt vom 2. Mai 1926, zit. nach Kunstverein Hannover, Neue Sachlichkeit in Hannover, Hannover 1974, S. 19.

4) Während Wieland Schmied in seinem Buch „Neue Sachlichkeit und Magischer Realismus in Deutschland 1918-1933", Hannover 1969, den Beginn der Neuen Sachlichkeit mit 1922 angibt (S. 7), heißt es bei Pavel Liska, Die Malerei der neuen Sachlichkeit in Deutschland, Diss. Düsseldorf 1967, S. 79:
„Die Herausbildung der Neuen Sachlichkeit als Avantgarde in der Malerei der zwanziger Jahre erfolgte in mehreren Schritten. Die ersten feststellbaren, wenn auch vereinzelten Hinweise auf eine neue gegenständliche Kunst, die den zunehmend abstrakter werdenden Expressionismus in seiner Stellung als Avantgarde ablösen sollte, findet man seit 1918."

5) Fritz Schmalenbach, Die Malerei der „Neuen Sachlichkeit", Berlin 1973, S. 12.

6) Wilhelm Hausenstein, Die bildende Kunst der Gegenwart, 2. Aufl. Stuttgart und Berlin 1920, Vorwort.

7) G. F. Hartlaub, Deutscher Expressionismus, Frankfurter Zeitung vom 15. Juli 1920.

8) Zit. nach Uwe Schneede (ed.), Die Zwanziger Jahre, Manifeste und Dokumente deutscher Künstler, Köln 1979, S. 115.

Hausenstein werden zu diesem Thema befragt und ca. 35 Antworten veröffentlicht.⁹ Der neue Naturalismus ist damit also zu einem Phänomen geworden, das zwar kontrovers diskutiert wird, an dessen Existenz aber niemand mehr ernsthaft zweifelt.

Im Mai 1923 verschickt der Direktor der Städtischen Kunsthalle Mannheim ein Rundschreiben mit folgender Bitte:

„Ich möchte im Herbst eine mittelgroße Ausstellung von Gemälden und Graphik veranstalten, der man etwa den Titel geben könte „Die neue Sachlichkeit". Es liegt mir daran, repräsentative Werke derjenigen Künstler zu vereinigen, die in den letzten zehn Jahren weder impressionistisch aufgelöst noch expressionistisch abstrakt, weder rein sinnenhaft äußerlich, noch rein konstruktiv innerlich gewesen sind. Diejenigen Künstler möchte ich zeigen, die der positiven greifbaren Wirklichkeit mit einem bekennerischen Zuge treu geblieben oder wieder treu geworden sind. Sie verstehen schon, wie ich es meine.

In Betracht kommen sowohl der „rechte" Flügel (Neu-Klassizisten, wenn man so sagen will), wie etwa gewisse Sachen von Picasso, Kay H. Nebel etc., als auch der linke „veristische" Flügel, dem ein Beckmann, Grosz, Dix, Drexel, Scholz etc. zugezählt werden können".¹⁰

Damit ist der Name „Neue Sachlichkeit" geprägt. Die Ausstellung findet erst 1925 statt und wird unter dem Titel „Ausstellung ‚Neue Sachlichkeit', Deutsche Malerei seit dem Expressionismus" in mehreren deutschen Städten gezeigt. Die Wichtigkeit, die dieser Ausstellung zukommt, liegt nicht nur darin, daß sie als erste Werke der neusachlichen Malerei zeigt, sondern daß mit ihr der Name dieser Richtung entsteht und Werke einzelner Künstler als repräsentativ für diese Richtung ausgestellt werden. Im gleichen Jahr veröffentlicht der Kunsthistoriker Franz Roh ein Buch mit dem Titel „Nach-Expressionismus-Magischer Realismus, Probleme der neuesten europäischen Malerei", in dem er sich mit der „großen Reaktion" auseinandersetzt, die auf den Expressionismus folgt.¹¹ Die Neue Sachlichkeit, die hier als „Überwindung des Expressionismus"¹² begriffen wird, hat eine neue Qualität gewonnen. Sie wird zur Avantgardekunst deklariert. „Von jetzt an wird diese einem breiten Publikum erstmals als *die* neue Kunst vorgestellt".¹³

Der Rückblick auf die historische Entstehung des Begriffes „Neue Sachlichkeit" zeigt, daß die einzigen Vereinigungen der Zeit selber, nämlich die Hartlaubsche Ausstellung von 1925 und das Buch von Franz Roh aus dem gleichen Jahr, „Gruppierungen von

---

9) Vgl. dazu von Atelier zu Atelier, Nr. 11, Nov. 1961 und Uwe Schneede (ed.), Die Zwanziger Jahre, Manifeste und Dokumente deutscher Künstler, Köln 1979, S. 115-124, wo Antworten einzelner Künstler abgedruckt sind.

10) Zit. nach Fritz Schmalenbach, Die Malerei der „Neuen Sachlichkeit", Berlin, 1973, S. 74/75.
Dieser von Hartlaub erstmals bezeichnete Gegensatz zwischen einem linken, veristischen Flügel der Neuen Sachlichkeit und einem rechten „klassizistischen" ist von späteren Kritikern und Historikern dieser Kunstrichtung übernommen worden.
Vgl. dazu: Kunstverein Hamburg (ed.), Realismus in der Malerei der zwanziger Jahre, Hamburg 1968, Einführung von Hans Platte; Wieland Schmied, Neue Sachlichkeit und Magischer Realismus in Deutschland 1918-1933, Hannover 1969, S. 9 f. und Arts Council of Great Britain/ Hayward Gallery (ed.), Neue Sachlichkeit und German Realism of the Twenties, London 1978/79, S. 8 ff.

11) Franz Roh, Nach-Expressionismus, Magischer Realismus. Probleme der neuesten europäischen Malerei, Leipzig 1925, S. 18. Zum Titel dieses Buches bemerkt Roh im Vorwort:
„Auf den Titel „Magischer Realismus" legen wir keinen besonderen Wert. Da das Kind einen wirklichen Namen haben mußte und „Nachexpressionismus" nur Abstammung und zeitliche Beziehung ausdrückt, fügten wir, nachdem das Buch längst geschrieben war, jenen zweiten hinzu. Er erschien uns wenigstens treffender als „idealer Realismus" oder als „Verismus" und „Neuklassizismus", welche je nur einen Teil der Bewegung darstellen. Unter „surrealisme" versteht man vorläufig etwas anderes. Mit „magisch" im Gegensatz zu „mystisch" sollte angedeutet sein, daß das Geheimnis nicht in die dargestellte Welt eingeht, sondern sich hinter ihr zurückhält (was sich im Verlauf erklären mag)."

12) So lautet auch der Titel eines Buches aus dem Jahre 1927 von Emil Utitz. Zu Emil Utitz vgl. Pavel Liska, Die Malerei der neuen Sachlichkeit in Deutschland, Diss. Düsseldorf 1976, S. 64 f. und S. 227 f.

13) Pavel Liska, Die Malerei der neuen Sachlichkeit in Deutschland, Diss. Düsseldorf, 1976, S. 99.

außen her, in Wirklichkeit Ergebnisse kunsthistorischen Rückblicks sind".[14] Erst im nachhinein versucht man, das nie ausgesprochene gemeinsame Programm der neusachlichen Malerei zu formulieren. Daß dabei die Blickrichtung und Interpretation des jeweiligen Historikers entscheidend ist für das Bild, daß er von der Neuen Sachlichkeit entwirft, ist leicht einzusehen, kann und muß man sich doch nicht auf tatsächliche Zusammenschlüsse beziehen, sondern muß stets Zusammenhänge zwischen den einzelnen Künstlern erst herstellen. Beispiele werden herausgegriffen und als repräsentativ ausgegeben. Dennoch ist gerade das Buch von Franz Roh, das als einzige programmatische Schrift der Neuen Sachlichkeit angesehen wird[15], bis heute für jede Auseinandersetzung mit dieser Kunstrichtung grundlegend geblieben. Der schematische Vergleich, den er am Ende seines Buches zwischen Expressionismus und Nachexpressionismus anstellt, sei deshalb hier trotz seiner Länge wiedergegeben, da er im wesentlichen die Begriffe enthält, mit denen man auch heute noch die Malerei der Neuen Sachlichkeit zu kennzeichnen versucht.

„Expressionismus
___

Ekstatische Gegenstände
Viel religiöse Vorwürfe
Objekt unterdrückend
Rhythmisierend
Erregend
Ausschweifend
Dynamisch
Laut
Summarisch
Vordergründig (Nahbild)
Nach vorn treibend
Großformig
Monumental
Warm

Dicke Farbsubstanz
Aufrauhend
Wie unbehauenes Gestein
Arbeitsprozeß (Faktur) spüren lassen
Expressive Deformierung der Objekte
Diagonalreich (in Schrägen)
oft spitzwinklig
Gegen die Bildränder arbeitend
Urtümlich

Nachexpressionismus
___

Nüchterne Gegenstände
Sehr wenig religiöse Vorwürfe
Objekt verdeutlichend
Darstellend
Vertiefend
Eher streng, puristisch
Statisch
Still
Durchführend
Vorder- und hintergründig
(Nahbild und Fernbild)
Auch rückfliehend
Großformig und vielspältig
Miniaturartig
Kühl bis kalt
Dünne Farbschicht
Glättend, verrieben
Wie blank gemachtes Metall
Arbeitsprozeß austilgend (reine Objektivation)
Harmonische Reinigung der Gegenstände
Eher rechtwinklig, dem Rahmen parallel
In ihnen festsitzend
Kultiviert."[16]

14) Fritz Schmalenbach, Die Malerei der „Neuen Sachlichkeit", Berlin 1973, S. 17.
15) Pavel Liska, Die Malerei der neuen Sachlichkeit in Deutschland, Diss. Düsseldorf 1976, S. 203.

Auch die bewußten oder unbewußten Vorbilder, die Franz Roh für die Malerei der Neuen Sachlichkeit nennt, werden weitgehend akzeptiert. Er nennt dabei unter anderem die deutsche und italienische Malerei des 15. Jahrhunderts wie Konrad Witz, Michael Pacher, Piero della Francesca, Andrea Mantegna; den Klassizismus um 1800 und die Nazarener wie etwa J. J. David, Ingres, Carstens, Genelli, Runge, Overbeck, Pforr.[17] Eine besondere stilbildende Bedeutung kommt dabei der italienischen Malerei der Moderne zu. Von ihr heißt es:
„Erst mit der italienischen Gruppe der „Valori Plastici", den Carrà und Chirico treten wir in den Kern unserer Bewegung. Kubische Kraft und Geschlossenheit hat man hier nicht nur mit neuer Naturdurchformung solcher Abstrakta verbunden, man wollte jene plastischen Volumina jetzt vollkommen in Deckung bringen mit der bestehenden Natur, die zuerst zwar mehr aus geometrischem Gerät aufgebaut, dann aber im Kreatürlichen direkt erblickt wurde. Hier liegt der entscheidende Anstoß zu der gesamten europäischen Wendung überhaupt."[18]

Damit ist in etwa das Umfeld angegeben, in dem die Malerei der Neuen Sachlichkeit angesiedelt wird. Trotz der weitgehenden Übereinstimmung in der Charakterisierung des Phänomens, kommen die verschiedenen Historiker zu den unterschiedlichsten Wertungen und Interpretationen dieser Kunstrichtung.

Sieht man in ihr teilweise eine Fortsetzung der „kleinbürgerlichen Romantik"[19], so bringt man sie andererseits mit der „proletarisch-revolutionären Kunst"[20] in Zusammenhang. Geschmäht als „reaktionär"[21], als „alte Unsachlichkeit"[22], „neue Süßlichkeit"[23] oder „neue Zierlichkeit"[24], wird sie andererseits gepriesen als „Renaissance der Dürerzeit".[25]

„Wird sie als zukunftsorientiert gesehen, dann spricht man über sie als einen Stil des technischen Zeitalters, dessen „kräftige Formen" aus dem „reinen Geist der Technik sprossen". (a) Bei den Autoren, die den Anspruch stellen, von den Qualitätsmaßstäben der „modernen" Kunst auszugehen, d. h. die Neue Sachlichkeit nach ihrem Originalitätsgrad zu beurteilen suchen, schneidet diese Malerei schlecht ab. Die einen stellen bei ihr einen „Rückfall zu den Nazarenern", (b) oder einfach ganz allgemein einen „Rückfall zur Tradition" (c) bzw. eine Rückwendung zu den traditionellen naturalistischen, ja akademischen Stilformen des 19. Jahrhunderts fest (d), die anderen dagegen heben die „Prägnanz, Helligkeit, Transparenz, Überschaubarkeit, Materialstabilität (und) Logik" (e) positiv hervor, also gerade die stilistischen Eigenheiten, die von den ersten durchweg als „Formerstarrung", „Detaillierung" mit „Peinliche(n) Einzelheiten" (f) abgewertet werden und angeblich zu einem „idylli-

---

16) Franz Roh, Nach-Expressionismus, Magischer Realismus. Probleme der neuesten europäischen Malerei, Leipzig 1925, S. 119/120.
17) Vgl. Franz Roh, Nach-Expressionismus, Magischer Realismus. Probleme der neuesten europäischen Malerei, Leipzig 1925, S. 100-102.
18) Franz Roh, Nach-Expressionismus, Magischer Realismus. Probleme der neuesten europäischen Malerei, Leipzig 1925, S. 76.
19) Wolfgang Hütt, Wir und die Kunst. Eine Einführung in Kunstbetrachtung und Kunstgeschichte, Berlin (DDR) 1959, S. 560.
20) Roland März, Realismus und Sachlichkeit, Aspekte deutscher Kunst 1919 bis 1933 in Realismus und Sachlichkeit. Aspekte deutscher Kunst 1919-1933, Berlin (DDR) 1974, S. 22.
21) Bertolt Brecht, 1928, zit. nach Uwe Schneede, Die Zwanziger Jahre, Manifeste und Dokumente deutscher Künstler, Köln 1979, S. 10.
22) F. W. Seiwert 1929, zit. nach Uwe Schneede (ed.), Die Zwanziger Jahre, Manifeste und Dokumente deutscher Künstler, Köln 1979, S. 10.
23) Raoul Hausmann, 1931, zit. nach Uwe Schneede (ed.), Die Zwanziger Jahre, Manifeste und Dokumente deutscher Künstler, Köln 1979, S. 10.
24) Ernst Bloch, 1937, weiter heißt es: „Sie führte zwar von allen verstiegenen Träumen zuweilen wieder zur Welt zurück, aber sie verschwieg den Wurm in dieser Welt, sie wurde buchstäblich zur Malerei der übertünchten Gräber."; in: Die neue Weltbühne 44, 1937, zit. nach Uwe Schneede (ed.), Die Zwanziger Jahre, Manifeste und Dokumente deutscher Künstler, Köln 1979, S. 10.
25) Richard Bie, Deutsche Malerei der Gegenwart, Weimar 1930, S. 27. Zu dem nationalsozialistisch orientierten Kunsthistoriker Richard Bie vgl. Pavel Liska, Die Malerei der neuen Sachlichkeit in Deutschland, Diss. Düsseldorf 1976, S. 20 ff.

schen Photographismus" (g) und letztlich sogar zur „Farbfotographie der Hitlerzeit" (h) führen."²⁶
Trotz dieser letzten apodiktischen Äußerung, kann man feststellen, daß die Rezeption der neusachlichen Malerei nach 1933 bzw. 1935 durch nationalsozialistische Kulturfunktionäre durchaus nicht affirmativ ist. Als avantgardistische Kunst abgelehnt, wurde sie als Symptom für die „Amerikanisierung" des deutschen Lebens angesehen.²⁷
Dennoch „wurden einige ihrer Vertreter zur Lehrtätigkeit an nationalsozialistische Ausbildungsinstitutionen berufen und ihre Bilder als brauchbar akzeptiert".²⁸
Der Grund für diese sich zum Teil widersprechenden Einschätzungen besteht darin, daß die Malerei der Neuen Sachlichkeit offen ist für eine „freie Deutung". Durch keine klare Programmatik gebunden, kann sich der Kritiker auf die Beispiele und Aspekte beschränken, die er für wichtig und bedeutsam hält. Daß dabei auch die Auswahl der durchaus unterschiedlichen und stilistisch keineswegs einheitlichen Werke der jeweiligen Künstler eine Rolle spielt, braucht wohl nicht weiter ausgeführt zu werden.
Trotzdem kann man nicht übersehen, daß eine gewisse Widersprüchlichkeit für die Malerei der Neuen Sachlichkeit selbst charakteristisch ist. Aufgrund einer bestimmten gesellschaftlichen Situation, innerhalb eines bestimmten geistigen Klimas, wird die Neue Sachlichkeit zur Avantgardekunst gemacht, wird zur Mode. Damit wird sie mit Kriterien konfrontiert und an ihnen gemessen, denen sie sich nie selbst verpflichtet hat. Die Kriterien werden an sie von außen herangetragen. Kaum eine Interpretation der Neuen Sachlichkeit geht von einer Befragung der Bilder, einer beobachtenden Untersuchung des Phänomens selbst aus. „Ich wollte malen, nichts als malen" erklärt Ernst Thoms. Das gilt für die meisten Vertreter der „Neuen Sachlichkeit". „Diese Künstler rangen vielmehr mit speziell ästhetischen, aber noch viel mehr mit existenziellen Problemen, ohne daß sie die gesamtgesellschaftliche Problematik überhaupt reflektiert hätten".²⁹ „Deshalb sollten weniger vorgefaßte Meinungen und pauschalisierende Begriffe den Blick auf die Bilder verstellen, sondern vor einer Bewertung dieser Kunst und ihrer Künstler, sollte zunächst einmal die lange fällige Beobachtung und Befragung der Bilder selbst stattfinden.

---

26) Pavel Liska, Die Malerei der neuen Sachlichkeit in Deutschland, Diss. Düsseldorf 1976, S. 69-71. Die Zitate im Text beziehen sich auf:
   a) Fritz Kollmann, Die Schönheit der Technik, München 1928, S. 9;
   b) Wilhelm Hausenstein, Die Kunst in diesem Augenblick, München 1920, S. 38;
   c) Paul Ferdinand Schmidt, Geschichte der modernen Malerei, Stuttgart 1952, S. 257;
   d) Bernhard S. Myers, Malerei des Expressionismus. Eine Generation im Aufbruch, Köln 1957, S. 279 f.;
   e) Klaus-Jürgen Sembach, Stil 1930, Tübingen 1971, S. 8;
   f) P. F. Schmidt, Geschichte der modernen Malerei, Stuttgart 1952, S. 257;
   g) Gerhard Ulrich, Kleine Geschichte der Malerei, Gütersloh 1962, S. 149;
   h) Bernhard S. Myers, Malerei des Expressionismus. Eine Generation im Aufbruch, Köln 1957, S. 280.
27) So heißt es z. B. in einem Vortrag von Dr. Richard Reiche, des Leiters des Barmer Kunstvereins, auf der Hauptversammlung des Verbandes der deutschen Kunstvereine 1927 in Stuttgart: Die „optische Züchtigung des Sensationsbedürfnisses durch die Kinos" . . . die „Überhandnahme von öffentlichen und privaten Lustbarkeiten und Tanzereien" . . . die „Überflutung der Städte mit sportlichen Rekordausstellungen . . . und andere Errungenschaften einer amerikanischen Zivilisation haben allmählich eine Verflachung des häuslichen, gesellschaftlichen und öffentlichen Lebens, eine allgemeine Entgleisung und Entstellung, eine „Neue Sachlichkeit" der Lebenseinstellung in Deutschland gezeitigt, durch deren Auswirkung die gesamte Kulturarbeit . . . ernstlich bedroht erscheint." zit. nach Kunst und Wirtschaft, Jahrgang VII, 1927, Nr. 2, S. 262 ff.
28) Pavel Liska, Die Malerei der neuen Sachlichkeit in Deutschland, Diss. Düsseldorf 1976, S. 252/253. Auf S. 240, Anm. 2 stellt Liska eine Liste der Künstler zusammen, die während des Nationalsozialismus ein Lehramt innehatten.
29) Pavel Liska, Die Malerei der neuen Sachlichkeit in Deutschland, Diss. Düsseldorf 1976, S. 224/225.

Einführung in die Bildwelt von Ernst Thoms

„Vielleicht ist diese Generation gezwungen, die Aufgabe zweier Zeitläufe zu bewältigen; denn hinter ihr klafft die Lücke zerschossener Jugend; vielleicht alterte man überschnell durch Krieg und Revolution, sah das Wanken der Erde und floh skeptisch ins Alterfahrene, das sich durch Stetigkeit trotz Zerstörung bewährte; als bewiesen Dauer und Häufigkeit. Zu subjektiver Kunst bedarf es gläubigen Schauens, das vereinzelt; aber man bezweifelt am Ende eben das Subjekt und flüchtet zum Gegenpol, dem allgemeinen Formalen, wie Geschichte es aufweist. Der Revolteur ist Alexandriner geworden, der Lyriker beschreibt nun. Die absolut gültig geglaubte Anschauung wird an der Geschichte relativiert, und der selbstherrlich Imaginative erweist seine Begrenztheit in resignierter Einordnung in Geschichte; man ermüdet, ergreist zum Erben, Skepsis gegen Geschichte ist zum Zweifel gegen die Willkür isolierten Ichs abgewandelt."[1]
Mit diesen Worten beschrieb 1926 der Kunsthistoriker Carl Einstein in seinem Werk über die Kunst des 20. Jahrhunderts die kulturelle Situation Deutschlands nach dem Ersten Weltkrieg. Wie viele seiner Zeitgenossen konstatierte er das Ende des Expressionismus und gleichzeitig damit eine gewisse Umwertung der damit verbundenen Kunstanschauung. Ein neuer Konservativismus machte sich geltend. Die „Flucht ins Alterfahrene", ins „allgemein Formale", die „resignative Einordnung in Geschichte" sind Vokabeln, mit denen man diese „Reaktion"[2] beschrieb, die sich auf künstlerischem Gebiet zwangsläufig zu vollziehen schien.

„Mit Verismus und Kolportage reagierte man gegen die enge, poetisierende Freiheit des Kandinsky. Nun verurteilte man lyrische Subjektivität zum Hindernis zwischen Bildfläche und darzustellendem Gegenstand. Sorgsam will man beschreiben. Das Subjektive wertet man als sentimental individuellen Kunstschwindel und hofft im Objekt genügend Elemente zu peinlicher Darstellung vorzufinden. Fast sklavisch beschreibend, eher wie Journalisten, läuft man nun hinter Natur und Gegenständen her. Subjektivität, lyrische Ekstase sanken im Kurs, man eilte unkritisch ins andere Extrem, unfähig klassischen Ausgleichs, in dem Natur und Subjektivität einander das Maß bestimmen, um zu Ganzem sich zu fassen."[3]
Mangelnde Subjektivität, bloße Wiedergabe des Faktischen und unkritischer Klassizismus[4], das sind die Schlagworte, mit denen die Malerei der Neuen Sachlichkeit immer wieder konfrontiert wurde und wird. Selten einmal wurde die Frage gestellt, wie sich diese

---

1) Carl Einstein, Die Kunst des 20. Jahrhunderts, Propyläen Kunstgeschichte, Bd. XVI, Berlin 1926, S. 81.
2) Franz Roh, Nach-Expressionismus, Magischer Realismus. Probleme der neuesten europäischen Malerei, Leipzig 1925, S. 18.
3) Carl Einstein, Die Kunst des 20. Jahrhunderts, Propyläen Kunstgeschichte, Bd. XVI, Berlin 1926, S. 140.
4) Vgl. Pavel Liska, Die Malerei der neuen Sachlichkeit in Deutschland, Diss. Düsseldorf 1976, S. 127 f.

„Reaktion"⁵ eigentlich vollzog. Zeigt sich in den Bildern dieser neuen Kunstrichtung tatsächlich nur eine „unkritische Rückkehr zum Altbewährten?" Wendet man tatsächlich nur sanktionierte bildnerische Mittel an, die längst eingebürgert und zum Allgemeingut geworden waren, um Bilder der Wirklichkeit zu geben, die sich auf eine objektivierte Wiedergabe des Faktischen reduzieren? Geht es wirklich nur darum „wieder diese gängig greifbare Wirklichkeit zu fassen und zu beherrschen, die Jugenderfahrung auf das Gegebene, das man einzuspannen gelernt, anzuwenden?"⁶ Natürlich kann diese Frage im Rahmen eines Katalogs nicht umfassend für die Malerei der Neuen Sachlichkeit beantwortet werden. Im folgenden soll jedoch versucht werden, die Bilder von Ernst Thoms daraufhin zu befragen, ob sie tatsächlich im Wiederaufgreifen traditioneller Mittel der Bildgestaltung eine „resignative Einordnung in Geschichte" darstellen. Im Vergleich mit Bildern anderer zeitgenössischer Künstler, die ein ähnliches Thema wie Ernst Thoms auf ihre Weise interpretieren, soll versucht werden herauszufinden, inwieweit sich Ernst Thoms in seinen Bildern einer Sprache bedient, die längst Allgemeingut geworden ist und ob diese traditionellen Formen lediglich dazu dienen, Wirklichkeit auf konventionelle Weise zu kolportieren oder ob durch diese Darstellungsweise eine neue Interpretation von Wirklichkeit entsteht. Inwiefern trifft das Verdikt, das über die Maler der Neuen Sachlichkeit gefällt worden ist: „fast sklavisch beschreibend, eher wie Journalisten (...) hinter Natur und Gegenständen"⁷ herzulaufen auch auf Ernst Thoms zu und wie verhält sich dieses Urteil zu seiner eigenen Sicht der modernen Kunst:
„Den Modernen fehlt der Mut zum Neuen wie zum Kindlichen. Sie malen nur Verneinung. Der Maler muß den ersten Schritt in das Niemandsland einer seelisch zerbombten Kultur wagen und zeigen, was los ist, dort, wo es keine „ismen" mehr gibt. Wir sind mitten im Zusammenbruch."⁸

1. Raum und Perspektive

1926 malt Ernst Thoms das Bild „Der kranke Maler."⁹ Zwei Jahre zuvor war Ernst Ludwig Kirchners „Bildnis Gräf" entstanden. Beiden Bildern ist gemeinsam, daß sie die Gestalt eines breitbeinig dastehenden Mannes in einem in die Tiefe des Bildes führenden Innenraum wiedergeben. Während Ernst Thoms in seinem Bild den Raum scheinbar nach den Gesetzen zentralperspektivischer Konstruktion bildet, entsteht der Tiefenraum in Ernst Ludwig Kirchners Bild scheinbar durch gänzlich andere gestalterische Mittel. Die Gegenstände ordnen sich nicht wie im Thomsschen Bilde dem Horizontal-Vertikal-Gefüge des Bildformats ein, sondern werden wie etwa der Teppich, der Schrank und der Sessel im Vordergrund des Bildes schräg angeschnitten. Auch die Öffnung des rechteckigen Durchgangs ist nicht parallel zur Bildebene, sondern in Schrägsicht wiedergegeben. Die Gegenstände im Zimmer dahinter werden nicht von einem einheitlichen Blickwinkel aus dargestellt, sondern z. B. in Aufsicht wie das Klavier oder seitlich wie das rückwärtige Bücherregal. Dem Raum liegt kein einheitliches Schema zugrunde, sondern er dissoziiert und bricht sich in unterschiedlichen perspektivischen Verkürzungen, die hart gegeneinanderstehen. Während der Raum im Thomsschen Bilde sich scheinbar kontinuierlich auf einen Fluchtpunkt hin zu bewegen scheint, ordnen sich die einzelnen Gegenstände im Bilde Kirchners keiner einheitlichen Sicht unter. Sie schließen sich vielmehr zu durch ihre Farbigkeit

---

5) Franz Roh, Nach-Expressionismus, Magischer Realismus. Probleme der neuesten europäischen Malerei, Leipzig 1925, S. 18.
6) Carl Einstein, Die Kunst des 20. Jahrhunderts, Propyläen Kunstgeschichte, Bd. XVI, Berlin 1926, S. 133.
7) Ibd., S. 140.
8) Ernst Thoms, in: Nienburger Zeitung vom 15. März 1949.
9) Vgl. dazu Abbildung und Text zu Kat.-Nr. 8.

definierten Flächen mosaikartig zusammen. Die Anordnung dieser unterschiedlichen Farbflächen läßt Raum entstehen, der zugleich durch die dingliche Gestalt suggeriert wird. Der gelbleuchtende Bücherschrank im Hintergrund des Bildes etwa zieht den Blick des Betrachters unwillkürlich in die Tiefe. Die als Komplementärkontraste aufgefaßten Schattenpartien zeigen deutlich, wie Raum hier nicht durch ein lineares Gefüge wie etwa bei Thoms, sondern durch Kontraste erzeugt wird. Die grünlich gefärbte Seitenwand des Bücherschranks führt deutlich die hellgelbe Frontansicht in die Tiefe des Bildes. In diesem Raum gibt es nur Farbflächen, die aufeinandertreffen, oft zu Komplementärkontrasten gesteigert. Durch dieses geradezu konvulsivische Aufeinanderprallen unterschiedlicher Farbflächen entsteht ein sich in Flächen verkantender Raum, der typisch für den Expressionismus ist. Linien entstehen hier fast nur durch das Aufeinandertreffen unterschiedlicher Farbflächen, wie etwa die Abgrenzung zwischen Wand und Boden, vorderem und hinteren Raum durch zwei unterschiedliche Grünwerte wiedergegeben wird. Linien aber bestimmen in erster Linie das Raumgefüge im Thomsschen Bilde. Klar wird durch die in die Tiefe des Bildes führenden Linien das geometrische Gerüst des Raumes bloßgelegt. Mathematisch exakt konstruiert, entwickelt sich dieser Raum kontinuierlich bis zum Ausblick in das Treppenhaus. Ist hier also nicht in der strikten Befolgung zentralperspektivischer Darstellung „die Rückkehr zum Altbewährten" nach Kirchners Farbflächenraum zu konstatieren? Nein, denn innerhalb dieses so traditionell anmutenden Raumes verklammern sich ebenfalls unterschiedliche Ansichten. Die Gestalt des Malers ist aus einer anderen Perspektive dargestellt als die Tiefe des Raumes. Thoms verbindet wie auch andere neusachliche Maler häufig zwei verschiedene Sehdistanzen in seinen Bildern. „Die Vorderfigur wird aus der Nähe (...), der Hintergrund jedoch aus der „Vogelperspektive" darge-

Ernst Ludwig Kirchner
Bildnis Gräf 1924
Städtische Kunstsammlungen Düsseldorf

stellt, so daß man die Gestalten und Gegensätze im Vordergrund ohne den Hintergrund zwar „normalgroß" und unverzerrt sehen würde, vor dem von oben dargestellten Hintergrund werden sie aber zu Riesen."[10] In der Verschränkung zwischen Nah- und Fernsicht, Schräg- und Frontalsicht, folgt Thoms also nicht mehr den Gesetzen einer kontinuierlichen zentralperspektiven Konstruktion. Vielmehr gewinnt durch dieses Durchbrechen des Bildschemas die zentralperspektivische Darstellung symbolischen Charakter. Im Durchbrechen der durch die Zentralperspektive signalisierten Kontinuität des Raumes er-

10) Pavel Liska, Die Malerei der neuen Sachlichkeit in Deutschland, Diss. Düsseldorf 1976, S. 148.

scheint die Gestalt des Malers erst als Fremdkörper, als ein von der mathematischen Konstruktion des Raumes eingepferchten Koloß. Erst indem das durch die zentralperspektivische Konstruktion des Bildes erzeugte Raumschema durchbrochen wird, erscheint es selbst als Raumordnung. Die gegenstandsintegrierende, ordnende Macht zentralperspektivischer Darstellung wird erst im Durchbrechen sichtbar. Erst indem der Maler aus der durch die Zentralperspektive vorgeschriebenen, festen räumlichen Ordnung ausbricht, erscheint die Strenge mathematischer Konstruktion als Zwang, der sich seine Gestalt nicht fügen will. Das Wiederaufgreifen traditioneller Mittel der Bildgestaltung ist hier offensichtlich kein naiver Rückfall in die Konvention, sondern hier enthüllt sich im Umgang mit tradierten Formeln der Raumdarstellung der abstrakte Charakter dieser Ordnungsschemata, die, dergestalt relativiert, zu Trägern einer neuen Interpretation von Wirklichkeit werden.

Auch in seinem 1926 entstandenen Bild „Dachboden" weiß Thoms die raumschaffende Kraft linearer Systeme zu aktivieren. Ähnlich wie in dem 1924 entstandenen z. T. collagierten Bild von Friedrich Vordemberge-Gildewart „Konstruktion mit Wall-Street" beherrscht die perspektivische Schrägsicht auf einen Treppenlauf das Raumgefüge. In der diagonalen Durchdringung der Bildebene stuft sich in beiden Bildern der Raum in die Tiefe und vermittelt so zwischen der Oberfläche des Bildes und einer imaginären Ebene, die den Tiefenraum des Bildes abschließt. Während sich im Bild von Friedrich Vordemberge-Gildewart die Definition des Raumes kaum linearer Systeme oder gegenständlicher Metaphern bedient, systematisiert Thoms den gesamten Dachboden zur linearen Konstruktion von sich durchdringenden Tiefenräumen, deren Diagramm auf der Fläche der aufgeklappten Dachluke abstrakt wiedergegeben ist.[11] Wirklichkeit erscheint in diesem Bilde als vielfältig gebrochene kristalline Struktur, aber dennoch lassen sich die facettenreichen Brechungen und räumlichen Variationen des auf der Fläche erscheinenden, linearen Diagramms zu einem einheitlichen Raumgefüge systematisieren. Ganz anders bei Friedrich Vordemberge-Gildewart. In seinem Bilde lassen sich die farbig differenzierten Flächen, die mathmatisch exakte Konstruktion der Treppe, der eingeklebte Zeitungsausschnitt und das Relief der eingeklebten Wellpappe nicht mehr in ihrer räumlichen Zuordnung festlegen. Jede Form von perspektivischer Kontinuität ist aufgegeben. Gerade das eingeklebte Stück Wellpappe, das die lineare Struktur der räumlich wirkenden, aber auf der Fläche konstruierten Treppe durch seine räumli-

Friedrich Vordemberge-Gildewart
Konstruktion mit Wall Street 1924

11) Vgl. dazu Abbildung und Text zu Kat.-Nr. 5.

che Gestalt in die Fläche des Bildes zurückführt, zeigt deutlich das ironisierende Vexierspiel zwischen Fläche und Raum, das Friedrich Vordemberge-Gildewart hier betreibt. In der spielerischen Relativierung des Raumes, der durch die perspektivische Darstellung der Treppe nur suggeriert wird, führt Friedrich Vordemberge-Gildewart die exakt konstruierte räumliche Darstellung von Wirklichkeit auf die Fläche des Bildes zurück und unterstreicht damit den Flächencharakter des Bildes im Unterschied zur Wirklichkeit. In seinem Bilde baut sich ein Raumgefüge auf, das dem Flächencharakter des Bildes adäquat ist. Auf perspektivische Tricks wird verzichtet. Die Farbe allein erzeugt einen imaginären Raum.

Demgegenüber wird der evokative Wert der Farbe in Thoms Bild auf ein Minimum reduziert. Der Farbe wird keinerlei raumbildende Kraft zugeschrieben. Vielmehr schließt sie die lineare Raumkonstruktion in einer Farbfläche zusammen. Allein das lineare Gerüst des Bildes erzeugt hier Raum. Da erst durch die Identifikation der linearen Bezugslinien als Grenzlinien von zueinandergeneigten Flächen die räumliche Illusion entsteht - was Thoms sinnfällig mit dem linearen Diagramm auf der Fläche der aufgeklappten Dachluke demonstriert, das nicht als Raum erscheint - kann er in seiner Auseinandersetzung zwischen Raum und Fläche auf eine gegenständliche Dingwelt verzichten.

,,Thoms hat sich auch, auf seine redlich-dickköpfige Weise, mit dem gleichen Problemen herumgeschlagen, die die Abstrakten bewegten, aber er hat sie in eine konkrete dingfeste Wirklichkeit übertragen. Er schlägt die Luken und Fensterläden eines Dachbodens auf und führt die gewissenhafte Auseinandersetzung mit Raum und Flächen unter den Schrägen des Dachstuhls durch."[12] Thoms hat sich zwar in der Tat mit den gleichen Problemen wie etwa Friedrich Vordemberge-Gildewart herumgeschlagen, doch hat er sie nicht ,,in die Wirklichkeit übertragen." Während sich die Raumvorstellung von Friedrich Vordemberge-Gildewart am reinsten im völlig abstrakten Farbraum realisiert, muß Thoms, der die raumbildende Kraft der Farbe negiert, das lineare Gerüst seines mathematischen Raumes in der Wirklichkeit verankern, damit die raumbildende Energie von linearen Gefügen überhaupt in Erscheinung treten kann. Dieser dergestalt konstruierte Realismus, in dem sich ein abstraktes Raumgefüge verwirklicht, beinhaltet natürlich auch eine Neuinterpretation von Wirklichkeit. ,,Erst seitdem die Kunst einmal abstrakt geworden war, konnte das als vage, als leer, als unerfüllt überall mit hingeschleppte Gefühl des Gegenständlichen neue Durchblutung erfahren, wieder ein Grunderlebnis werden und entsprechende Darstellung heischen. Erst seitdem man wieder geistig geworden war, konnte das Vergegenständlichen wieder betonte Lust der Malerei werden."[13]

Wirklichkeit wird also nicht als sinnentleerte, chaotische und flüchtige Chimäre wiedergegeben, sondern in Thoms Bildern siedelt sich mathematische Konstruktion, die der Imagination entspringt, im Erfahrungsraum der Wirklichkeit an. In der Realisation durchdringen sich Wirklichkeit und Imagination, so daß Wirklichkeit als durchgeistigte, als Vergegenständlichung einer inneren Vorstellung selbst mit Sinn erfüllt erscheint.

Dieser Vorgang der Realisation verbindet die Thomssche Bildwelt mit den Werken der italienischen Pittura Metafisica.[14] Vergleicht man etwa Thoms 1926 entstandenes Bild ,,Trödelladen"[15] mit dem Bild ,,Das verzauberte Zimmer" von Carlo Carrà aus dem Jahre 1917, so scheint sich in beiden Bildern eine ähnliche

12) Johann Frerking, in: Frankfurter Allgemeine Zeitung vom 13. Februar 1957.
13) Franz Roh, Nach-Expressionismus, Magischer Realismus. Probleme der neuesten europäischen Malerei, Leipzig 1925, S. 28.
14) Vgl. dazu Werner Haftmann, Malerei im 20. Jahrhundert, Bd. I, München 1954, S. 235 ff.
15) Vgl. dazu Abbildung und Text zu Kat.-Nr. 4.

Carlo Carrà
Das verzauberte Zimmer 1917

fremdartige Stimmung auszudrücken. Beide Bilder zeigen eine Versammlung der heterogensten Dinge, denen nichts gemeinsam ist, als daß sie sich in einem Raum befinden. Der Blick in den Tiefenraum ist in beiden Bildern verstellt, so daß nur einzelne Blickbahnen in die Tiefe führen. Ein sonderbarer Dialog entspinnt sich so zwischen den Dingen und dem sie umgebenden Raum. Präzise und unbeweglich behauptet sich jedes einzelne Ding gegen die Einbindung in ein einheitliches Raumschema. Während in Carràs Bild die Bretter des Bodens in zentralperspektivischer Verkürzung in die Tiefe des Bildes führen, ist die Türöffnung der rückwärtigen Wand in Schrägsicht gezeigt, die Gegenstände im Vordergrund sind frontal, in Schräg- und Aufsicht wiedergegeben. Durch diese Darstellungsweise setzen sich die Dinge in einer Art Eigengesetzlichkeit gegen den Raum durch, dessen geometrisches Gerüst sich an ihrem Widerstand bricht. Die Konstruktion des Raumes integriert die einzelnen Gegenstände nicht mehr, vielmehr wird der Raum von ihnen jeweils neu definiert. So scheint der Raum hinter der Schneiderbüste senkrecht in die Tiefe des Bildes zu führen, während er hinter dem Perükkenkopf in leichter Schrägsicht erscheint. Der Raum ist hier zur Funktion der Dinge geworden, seine ordnende, synthetisierende Kraft scheitert an ihrem Widerstand. Auch in dem Bild von Ernst Thoms beherrschen die einzelnen Gegenstände den Raum, der immer wieder verstellt wird. Ein einheitlicher Überblick will nicht gelingen, denn durch die Überschneidungen und unterschiedlichen Ausrichtungen der Gegenstände wird der Blick irritiert, der sich auf die einzelnen Dinge immer wieder neu einstellen muß. Es gibt keine einheitliche Richtungstendenz in diesem Raum. Zwei diagonale Blickbahnen durchkreuzen sich in dem roten Trichter des Grammophons und erzeugen somit in der Verschränkung eine Spannung zwischen den unterschiedlichen Richtungstendenzen innerhalb des Raumes. Während bei Carrà die Dinge den umgebenden Raum neu definieren, erzeugt Thoms mit Hilfe der Gegenstände eine Spannung innerhalb des Raumes, die ihn dissoziiert und so seine Einheit zerstört. Die Gegenstände erscheinen deshalb in Thoms Bild auch eher als exotisch wuchernde Gebilde, die sich dem ordnenden Zugriff entziehen, während die Dinge in Carràs Bild eine auratische Ausstrahlung umgibt. Pathetisch stehen sie in seltsam melancholischer Würde vor der Leere des Raumes, den sie beherrschen. Die dialektische Beziehung zwischen Ding und Raum, durch die der Raum als Funktion der Gegenstände neu bestimmt wird, ist für Carràs Bild entscheidend, während sich in Thoms Bild die Destruktion des kontinuierlichen Raumes durch die Dinge vollzieht. Dennoch wahrt Thoms den Eindruck eines einheitlichen Raumsystems, wenn es auch an der Heterogenität der Dinge scheitert. Er verleiht damit den Gegenständen zwar eine gewisse Widerstandskraft gegenüber den ordnenden Prinzipien räumlicher Darstellung, gibt ihnen aber nicht die raumbildende Potenz wie etwa Carrà es in seinem Bilde tut. Die Gegenstände in Thoms' Bild, die in scharf isolierender Nachsicht fixiert sind, sind eher Bruchstellen innerhalb des Raumes. Dieses Festhalten an einem statischen Raumgefüge, das trotz aller Verschränkungen und Spannungen parallel zur Wirklichkeit konstruiert ist, ist auch für das „Küchenstilleben" von Ernst Thoms aus dem Jahre 1929 charakteristisch.¹⁶ Hier entfalten sich keineswegs Volumen in einem atmosphärischen Raum, sondern Raum und Volumen verkürzen sich auf Flächen, die wie ausgeschnitten wirken. Allein ihre gegenständliche Gestalt suggeriert in der Konstellation dieser Flächen Raum, der zwischen den Dingen klafft. Im Vergleich mit einem Stilleben von Juan Gris aus dem Jahre 1920 werden Ähnlichkeiten und Unterschiede zum Kubismus besonders deutlich. Auch in Juan Gris' Stilleben verkürzen sich Volumen auf Flächen, die ähnlich wie in Thoms Bild zum Teil hart konturiert sind. Doch Thoms wahrt in seinem Bilde im Nebeneinander der Flächen noch die Gestalt der Gegenstände und suggeriert so Volumen durch die Allusion an ihre objektive Formganzheit. Gris hingegen gibt die Gegenstände als diskontinuierliche wieder zugunsten einer einheitlichen Flächenform, die die Fläche des Bildes an keiner Stelle illusionistisch oder suggestiv durchbricht. Durch die Kombination verschiedener Ansichten, die streng auf die Flächigkeit des Bildes bezogen sind, erzeugt Gris Volumen lediglich imaginär. So gliedert sich etwa das Bild der Pfeife in drei in der Fläche verwobene An-

Juan Gris
Stilleben 1920

sichten - es zeigt die Öffnung der Pfeife, wie man sie von rechts seitlich aus sehen könnte, die Öffnung des Pfeifenkopfes, wie man ihn etwa von links seitlich sehen könnte und die Gestalt der Pfeife selbst, wie man sie etwa von oben sehen könnte. In beiden Bildern ist das Ineinander der Flächen von verschieden laufenden Achsen bestimmt, die ein Volumen umschreiben. Doch während Thoms die verschiedenen Flächen gemäß der realen Gestalt der Dinge zueinander ordnet, also objektgetreu konstruiert, ist die Anordnung der Flächen in Gris' Bild subjektiv bestimmt. Auf der Flä-

16) Vgl. dazu Abbildung und Text zu Kat.-Nr. 14.

che des Bildes erscheinen die verschiedenen Ansichten der Gegenstände in einer Konstellation, die ihren Ursprung im Subjekt, im Sehenden selbst hat. Form erzeugt sich hier aus dem Ineinander subjektiver Ansichten und findet ihr Gesetz nicht wie bei Thoms im dargestellten Objekt.

Thoms Stilleben stellt also eine Rückkehr zur Gegenständlichkeit dar, eine Abwendung vom Experiment und vom subjektiven Sehen. Doch diese Rückkehr bedeutet keinen Rückfall in eine gedankenlose Abschilderung von Wirklichkeit. Auch Thoms konstruiert seine Räume, nur orientiert er sich an der Dinggestalt der Wirklichkeit, die ihm sakrosankt ist. Er sieht die Dinge nach ihrem Willen, doch nicht willenlos.

,,Meine Bilder sind . . . aus dem Erlebnis entstandene abstrakte Bildideen. Zunächst kommt es mir gerade nicht auf das Thema an - also auf das ,,Was" des Bildes, sondern auf das ,,Wie", nämlich auf die Kompositionselemente: Flächen und Linien. Abstraktion bedeutet für mich als Maler: Weglassen von Nebensächlichem und dadurch Herausholen von imaginären Wirkungen. Auf diese Weise wird das Gegenständliche deutlich."[17]

Um diese imaginären Wirkungen zu erzeugen, um das Gegenständliche zu verdeutlichen, bedient er sich zwar scheinbar eines traditionellen Vokabulars, aber auch hier sollte man die Frage nach dem ,,Wie" stellen. Die Betrachtung der Bildbeispiele hat gezeigt, daß Thoms diese konventionellen Mittel der Raumgestaltung nicht etwa benutzt, um einen organischen oder naturalistischen Raum illusionär zu erzeugen. Gerade in seinen nicht-konventionellen Räumen erscheinen die herkömmlichen Darstellungsmittel als Ordnungsschemata. In der Wahrung der Dinggestalt, in der Beachtung der Eigengesetzlichkeit der Dinge, in der Isolation der Gegenstände werden Spannungen innerhalb des Raumgefüges erzeugt. Das bewußt unvermittelte Aufeinandertreffen unterschiedlicher perspektivischer Darstellungsformen, die Kombination von Nah- und Fernsicht, von Schräg- und Aufsicht kennzeichnet die Raumschemata in der Dissoziation als Formeln. Als künstliche Konstrukte sind seine Räume, die parallel zur Wirklichkeit gebaut, aber nicht mit ihr identisch sind, von einer Auseinandersetzung zwischen einzelnem Gegenstand und ordnenden Systemen durchbrochen und relativiert. Gerade auf dieser Spannung aber beruht die Eigenart der Thomschen Bildwelt, aus dieser Differenz in der Wiederholung scheinbar konventioneller Bildformeln entspringt Bedeutung, die Wirklichkeit interpretierend durchdringt.

2. Porträts

Der Umgang mit konventionellen bildnerischen Mitteln, bei dem eine künstliche Ordnung parallel zur Wirklichkeit gebildet wird - die diese nicht illusionistisch inszeniert, sondern interpretierend durchdringt, bestimmt auch die Anlage der Porträts von Ernst Thoms. Ein Vergleich zwischen seinem Bild ,,Altstadtkind"[18] aus dem Jahre 1925 und dem ,,Kinderporträt Elisabeth" von Bernhard Dörries aus dem Jahre 1921 zeigt deutlich, wieweit Thoms sich vom altmeisterlichen, traditionellen Einsatz bildnerischer Mittel entfernt hat. Bereits die Titel der Bilder weisen auf einen grundlegenden Unterschied zwischen ihnen hin. Während Thoms ein Kind aus einer bestimmten Umgebung in einem sozialen Umfeld, nämlich dem der Altstadt, zeigt, gibt Dörries in seinem Gemälde das Porträt eines bestimmten Kindes wieder, das durch die Nennung des Namens als Individuum gekennzeichnet wird. Dörries folgt in der Anlage seines Porträts Vorbildern aus dem 19. Jahrhundert. Das Kind ist sitzend dargestellt und wendet sich durch eine leichte Neigung des Kopfes dem Betrachter zu. Die

---

17) Ernst Thoms, in: Hannoversche Allgemeine Zeitung vom 13. November 1981.
18) Vgl. dazu Abbildung und Text zu Kat.-Nr. 2.

Hände des Kindes ruhen in seinem Schoß. Ruhig und gesammelt blickt das Kind den Betrachter an. Dörries gibt in diesem Porträt jedes Detail des Gesichtes wieder, er folgt jeder Nuance des Inkarnats. Zart modellieren sich in feinen Farbstufungen die Züge dieses Gesichts. Jedes Härchen wird einzeln wiedergegeben und durch das Spiel von Licht und Schatten in den Organismus des Bildes eingefügt. Atmosphärisch umspielt ein verhaltenes Licht die kleine Gestalt, das sich von rechts oben schräg in das Bild ergießt. Vollplastisch erscheint der Körper des Kindes vor dem einheitlichen dunklen Hintergrund so, als wolle es jeden Augenblick aus dem Bild treten. Die Grenze zwischen Bild und Wirklichkeit wird durch den illusionistischen Einsatz bildnerischer Mittel überspielt. Schatten- und Lichtpartien gehen in sanften Abstufungen ineinander über und erzeugen dadurch den Eindruck räumlicher Kontinuität.

Der Blick verfängt sich in den Falten des Kleides ebenso wie in den sacht modellierten Formen des Gesichts. Alle Übergänge in diesem Bild vermitteln sich organisch in zarten Schmelz, nirgends gibt es Brüche oder harte Kontraste, die die kontinuierliche Entwicklung des illusionistischen Raumes stören könnten.

Ganz anders verhält sich dies in dem Bilde von Ernst Thoms. Hart steht das Brustbild des Kindes frontal vor dem schwarzen Hintergrund des Bildes. Die Silhouette eines Wohnhauses und einer Eisenbahnbrücke definieren die Umgebung, aus der dieses Kind stammt, als häßliche, schmutzige Wohngegend, die einer unteren sozialen Schicht vorbehalten sein dürfte. Dieses Kind wirkt auch nicht zart und empfindsam, sondern eher trotzig und hart. Dieser Eindruck entsteht vor allem durch die scharfen Kontraste, die dieses Bild bestimmen. Hier ist das Gesicht des Kindes modelliert. Licht- und Schattenpartien vermitteln sich nicht in einem organischen Übergang, sondern treffen unversöhnt aufeinander. Thoms reduziert das Gesicht des Kindes auf Großformen der Anatomie, die er fast technisch montiert. So wird das Kinn des Kindes als Lichtkreis aus einer Schattenzone hervorgetrieben, ohne Rücksicht auf eine organische Vermittlung. Der übergroße Schattenwurf des Kinnes auf dem Hals vermittelt den Eindruck, als sei der Kopf des Kindes aufgesetzt, aber nicht angewachsen.

Bernhard Dörries
Kinderporträt Elisabeth 1921

Künstliches Licht scheidet sich hier kraß in Licht und Schatten, die präzise erfaßt und in der Fläche gebannt werden. Unbeweglich sind diese Kontraste festgeschrieben und als Elemente einer Konstruktion eingesetzt. Doch Thoms rekonstruiert nicht den Schein der Wirklichkeit wie Dörries es etwa in seinem Bilde tat, sondern er rekonstruiert technisch einen organischen Zusammenhang, der nicht mehr besteht. Künstlich und abstrakt ist Wirklichkeit hier auf harte Kontraste reduziert. Die Formen entsprechen der Sicht eines technischen Zeitalters, sie sind keine illusionistische Attrappen von Wirklichkeit. Ordnung realisiert sich hier nicht in organischen Zusammenhängen, sondern im architektonisch-technischen Aufbau.

Dieser fast technisch-konstruktive Einsatz der bildnerischen Mittel, die herkömmlicherweise dazu verwendet wurden, den Schein von Wirklichkeit zu inszenieren, zeigt sich ganz besonders deutlich in Thoms Bildnis „Frau mit Schlange" aus dem Jahre 1926.[19] Vergleicht man diese Wiedergabe einer z. T. nackten Frau mit dem Bild „Die Sünderin" von Franz von Stuck aus dem Jahre 1893, so zeigt sich auf den ersten Blick, daß Welten diese Bilder trennen. Wollüstig, verlockend leuchtend der helle Frauenkörper in Stucks Bild aus geheimnisumwittertem Dunkel hervor. Eine riesige Schlange windet sich um den Körper, der teilweise von dem lang herabfallenden Haar der Frau verborgen wird. Im Spiel von Verhüllung und Enthüllung treten die weichen Rundungen der Frau deutlich hervor. Ein sanftes Licht umspielt ihren Körper, verhüllt ihn im Halbschatten, um ihn im strahlenden Licht zu entblößen. Helle Lichtbahnen gleiten über den schweren Leib der Schlange, der die Rundungen der Frau ornamental rahmt. In dem dunklen, im Halbschatten liegenden Gesicht leuchten nur einzelne Partien wie im Streiflicht auf, so daß die Augäpfel der Frau ebenso wie ihr Körper aus einem unergründlichen Dunkel hervorleuchten. Mit bannendem Blick sieht die Frau den Betrachter unverwandt an, sich ihrer Wirkung

Franz von Stuck
Die Sünde 1893

wohl bewußt. Ein spöttischer Zug scheint um die vollen Lippen ihres Mundes zu spielen, als sei sie sich ihres Sieges bereits gewiß.

Äußerste Einfachheit paart sich in diesem Bilde mit höchstem Raffinement. Das Licht zeigt den Körper der Frau nicht, sondern deutet die weichen Rundungen nur an und suggeriert körperliche Fülle. Der

---

19) Vgl. dazu Abbildung und Text zu Kat.-Nr. 9.

greifbare Umriß versinkt im Dunkel, im Unbegrenzten. Im raffinierten Spiel sinnlicher Allusionen bleibt die körperliche Fülle der Frau ein verlockendes Geheimnis, dessen magische Ausstrahlung den Betrachter in seinen Bann schlägt.
Ganz anders wirkt die fast plakative Silhouette der Frau in Thoms' Bild.
Streng frontal steht der Torso ihres Oberkörpers vor dem Hintergrund des Bildes, in dem man eine Meeresbucht erkennt. Klar treten ihre Züge durch scharfkantige Linien umrissen hervor. Der Halsansatz wird durch eine Linie markiert, so daß ihr Kopf wie der einer Puppe aufgesetzt zu sein scheint. Auch die Partie des Halses, die rechts im Schatten ihrer blonden Haare zu versinken droht, wird überdeutlich durch eine helle Linie begrenzt. Ihr Gewand fällt schräg von ihrer rechten Schulter zur Gürtellinie herab, so daß ihr Oberkörper halb nackt und halb bekleidet ist. Gesicht, Hals und Oberkörper scheiden sich deutlich in einzelne Formen, deren Volumen sich nur innerhalb der linearen Begrenzung kontinuierlich entwickelt. So vermittelt sich etwa die durch die Schattenzone suggerierte Rundung des Halses nicht organisch fort, sondern der Hals erscheint gegenüber dem Körper eher röhrenförmig geschlossen. Hier wird keine körperliche Fülle suggeriert, sondern wie aus Versatzstücken montiert, steht diese Frau als fremdes, in sich gekehrtes Wesen vor dem Betrachter. Eine winzige Schlange ringelt sich in ornamentalen Windungen auf ihrer nackten Brust. Körperliche Sinnlichkeit ist in diesem Bilde von Thoms fast völlig negiert, dennoch geht ein eigenartiger sinnlicher Reiz von diesem Frauenbildnis aus. Fast schematisiert liegt in ihren Zügen eine seltsame Symmetrie. Trotz der Reduktion auf einfachste geometrische Formen erscheint diese Frau nicht als monströses Maschinenwesen, sondern durch die Betonung der strengen, regelmäßigen Züge fügen sich die Formen zu einer ornamentalen Einheit, in der jedes Detail bedeutungsschwer erscheint. Dem ästheti-

Georg Schrimpf
Frauenbildnis 1922

schen Reiz, der sich in dieser kühlen Präzision entfaltet, gesellt sich so ein rätselhafter Zug. Assoziationen stellen sich unvermittelt ein, andere Frauengestalten - Kleopatra, Venus, Eva, Maria usw. - tauchen aus der Erinnerung hervor, um diese rätselhafte Gestalt zu deuten, doch entzieht sich die ornamental geschlossene Gestalt jedem eindeutigen Zugriff. Ihr Reiz entfaltet sich gerade in jenem Spiel der Assoziationen, das sich im Ornament verfängt.
Dieser eigenartige Reiz, der nicht auf körperliche

Sinnlichkeit beruht, sondern viel eher auf der ästhetischen Ornamentalisierung von Sinnlichkeit, ist auch für Thoms' Porträt der Toni Overbeck aus dem Jahre 1926 charakteristisch.[20] Die zierliche Gestalt dieser Frau, die in ein äußerst kompliziertes Raumgefüge eingebunden ist, ist fast körperlos in der schwarzen Silhouette ihres Kleides aufgehoben, das streng auf die Fläche des Bildes bezogen ist und weder Körperformen - noch -partien in Erscheinung treten läßt. Der Vergleich mit einem Frauenbildnis von Georg Schrimpf aus dem Jahre 1922 zeigt, wie wichtig die strenge Ornamentalisierung für die Stimmung ist, die von Thoms Bild ausgeht. Auch im Bilde von Schrimpf wird das Porträt einer sitzenden Frau wiedergegeben, deren Körper als dunkle Silhouette vor einem Ausblick durch ein Fenster steht. Nur wenige Faltenwürfe des Stoffes deuten ihre Körperformen an, doch sie genügen, um den Anschein kontinuierlichen Volumens zu erzeugen, der illusionistisch Wirklichkeit imitiert. Die Haltung der übereinandergelegten Hände ist organisch und nicht wie im Bildnis der Toni Overbeck auf ein strenges sich rechtwinklig durchkreuzendes Liniensystem bezogen. Geringfügig scheint der Unterschied, doch die Wirkung ist groß. Das Bildnis von Schrimpf folgt streng den Regeln einer klassischen Komposition, indem ein kontinuierlicher Raum wiedergegeben wird, der sich in die Tiefe des Bildes staffelt. Die Gestalt der Frau, deren Züge zwar vereinfacht sind, deckt sich noch mit der Wirklichkeit, denn die einzelnen Formen entwickeln sich auch innerhalb des festen architektonischen Gefüges, organisch. Thoms hingegen benutzt gerade dieses geometrische Gefüge, um Wirklichkeit neu zu interpretieren. Während sich bei Schrimpf Wirklichkeit organisch mit dem architektonischen Aufbau des Bildes versöhnt, erzeugt Thoms eine Spannung. Er konstruiert Wirklichkeit nach Maßgabe einer imaginären Ordnung, die zwar die Wirklichkeit durchdringt, sich aber nicht bruchlos mit ihr versöhnt. Im Widerspiel zwischen unterschiedlichen Raumtendenzen zwängt er Wirklichkeit nicht in ein Schema, sondern relativiert in der Durchdringung diese Schemata, die Wirklichkeit nicht beherrschen, sondern nur umfangen.

Aus der Differenz zwischen organischer und tektonischer Ordnung, die dieses Bild in der Brechung unterschiedlicher Raumsysteme bewahrt, entsteht die spröde Anmut dieses Bildes. Gerade auf diese Spannung, die nicht durch eine organische Vermittlung aufgehoben wird, wie etwa im Bilde von Schrimpf, beruht die Modernität dieses Frauenbildnisses. An die Stelle einer organischen Individualität, als die die Frau im Bilde von Georg Schrimpf erscheint, tritt eine herbe Strenge, die sich in der brüchigen Spröde des Konstrukts entfaltet.

Dieses Insistieren auf individuellen Zügen, die jeder Typisierung trotzen, kennzeichnet auch Thoms' Bildnis Alte Köchin aus dem Jahre 1927.[21] Starr in die serielle Ordnung des Raumes eingegliedert, die sie rahmend einschließt, steht die Silhouette der alten Köchin in scharfer Kontur inmitten eines horizontal-vertikalen Rasters. Das Volumen ihres Körpers schrumpft in der Fläche ihres schwarzen Kleides zusammen, vor dem sich die weiße Schürze starr abhebt. Die streng geometrisierte Fältelung der Schürze verwandelt diese zu einer Reihung paralleler Röhren, die monolithisch nebeneinanderstehen. Rechts begrenzt eine scharfe, senkrechte Linie, die sich nur am Ellenbogen einmal bricht, den Körper der alten Frau. Ihre nackten Unterarme ragen wie Röhren aus den Ärmeln ihres Kleides hervor, als seien sie angeschraubt, aber nicht angewachsen. Trotz dieser Reduktion auf geometrische Grundformen, bewahrt sich in Gesicht und Händen dieser Frau ein letzter Rest von Individualität. Vergleicht man etwa die alte Köchin mit dem seltsamen Maschinenwesen, auf dem Bilde „Femme te-

---

20) Vgl. dazu Abbildung und Text zu Kat.-Nr. 6.
21) Vgl. dazu Abbildung und Text zu Kat.-Nr. 10.

nant un vase" von Fernand Léger aus der gleichen Zeit, wird der Unterschied deutlich. In Légers Bild ist die Figur der stehenden Frau gänzlich als Gefüge mathematischer Grundformen gedeutet, die sich deutlich voneinander abgesetzt runden. Volumen entsteht durch das gerichtete An- bzw. Abschwellen der Farbintensität innerhalb der isolierten Formen. Die Gestalt der Frau scheint wie aus präfabrizierten, genormten Teilen zusammengesetzt zu sein. Selbst in Gesicht und Händen ist jeder Rest von Individualität getilgt. Technisch fügen sich die Teile ihres Körpers zu einem funktionalen Zusammenhang. Die Hände erscheinen als Greifinstrumente, an die Stelle von Muskeln und Sehnen scheinen Drehgelenke getreten zu sein, die die Teile miteinander verbinden. Technische Rationalität hat hier einen organischen Zusammenhang ersetzt.
Trotz ähnlicher Züge im Bilde der alten Köchin erscheint hier die Geometrisierung nicht als neues durchgängiges Ordnungsschema, das alles integriert. Auf den klobigen Händen der Frau sind Falten sichtbar, ihr desillusioniertes Gesicht zeigt deutlich die Spuren des Alters. In ihren verhärteten Zügen liegt deutlich ein Wissen um ihre ausweglose Situation. Verbitterung und düstere Entschlossenheit zeigt sich in ihrem den Betrachter meidenden Blick. Dieser letzte Rest von Individualität läßt sich nicht von dem geometrisierten Raumgefüge vereinnahmen, er wiedersetzt sich dem Zugriff und erscheint als Widerspruch gegen das Ordnungssystem, das den Raum durchdringt. Als anonymes Schema bedrängt und reglementiert es Individualität, die bereits gebrochen ist.
In Thoms' Porträts manifestiert sich auf das deutlichste die künstliche Natur ordnender Raumsysteme. Thoms benutzt traditionelle Mittel der Bildgestaltung, um einen Zusammenhang zu rekonstruieren, der längst nicht mehr besteht. Auch in seinen Porträts erscheinen bildnerische Gestaltungsmittel als Schemata. In ihrem Zentrum steht nicht mehr der Mensch, sondern der starre Zweck der Mathematik. Wie der Be-

Fernand Léger
Femme tenant un vase 1924/27
Kunstmuseum Basel

trachter durch die Kombination unterschiedlicher Blickrichtungen in den Bildern nicht mehr als fester Bezugspunkt einer einheitlichen, kompositionellen Anlage anvisiert wird, so stehen auch die Menschen in den Bildern fremd und unversöhnt in diesen technischen Räumen, die in sich brüchig sind. Thoms zeigt auch die Menschen in seinen Bildern nicht als organische Individuen, sondern rekonstruiert ihre Gestalt ebenso technisch wie den Raum, der sie umgibt. Die

Konstruktion bleibt jedoch sichtbar und enthüllt in ihrer Brüchigkeit ihre künstliche Natur, die sich nur in wenigen Bildern zur zweiten, vermittelten Natur versöhnt.

Das einzelne Ding, der Mensch und selbst der Raum fügt sich nicht bruchlos in ein einheitliches konventionelles Ordnungsschema, in und an ihnen bricht sich die integrierende Macht mathematischer Ordnungen im Widerstreit.

In diesen künstlichen Welten findet selten eine bruchlose Versöhnung statt, es sei denn im Ornament, das die Starre der Geometrie als neue, ästhetische Ordnung erscheinen läßt.

3. Landschaften

Gegen Ende der zwanziger Jahre häufen sich die Landschaftsdarstellungen im Œuvre von Ernst Thoms, die zunehmend andere Bildthemen verdrängen. Von den frühen Landschaftsbildern sind leider nur wenige erhalten, doch verfolgt Thoms in ihnen ähnliche stilistische Tendenzen wie in anderen Bildern aus dieser Zeit. Eines der frühesten, erhaltenen Ölbilder ist das Gemälde „Blick auf den Lindener Berg"[22] aus dem Jahre 1928. Ähnlich wie in seinen anderen Bildern aus dieser Zeit kombiniert Thoms auch hier unterschiedliche Ansichten der Landschaft, die sich in horizontale Bänder gliedert. Während der Vordergrund sich bis zum Zaun senkrecht in die Tiefe des Bildes ausdehnt, sind die Eisenbahnwaggons dahinter von links seitlich wiedergegeben. In der Anhöhe im Hintergrund des Bildes verquicken sich unterschiedliche Blickwinkel. So sind etwa Häuser und Bäume alternierend von rechts, links und auch frontal wiedergegeben. Entfernung wird rein statisch als Größenunterschied gedeutet und vermittelt sich nicht atmosphärisch. Linien und Details der Gegenstände erscheinen in allen Bereichen des Bildes gleich scharf und präzise. Die Aufteilung des Bildes in Vorder-, Mittel- und Hintergrund folgt traditionellen Formen der Landschaftsdarstellung, wobei in der Barrikade des frontal gesehenen Zaunes das Repoussoir-Motiv klassischer Landschaftsdarstellungen aufgegriffen wird. Doch während sich klassische Landschaften kontinuierlich in den Raum entwickeln und die unterschiedlichen Gründe des Bildes sich organisch vermitteln, isolieren die verschiedenen Ansichten der Landschaft in Thoms' Bilde die unterschiedlichen Distanzen. Während sich klassische Landschaften bruchlos in die Tiefe des Bildes erstrecken und sich so vor dem Betrachter ausbreiten, daß er sie mit einem Blick erfassen kann, der sich im endlosen Ausblick verliert, kombiniert Thoms unterschiedliche Ansichten, die den Raum der Landschaft in verschiedene Prospekte zerlegt. Der Horizont ist verstellt. Die rautenförmige Gliederung des Berges durch umgrenzte Felder fächert das Gelände strahlenförmig nach rechts, links und in die Tiefe des Bildes auf, wo sich die unterschiedlichen Richtungstendenzen des Raumes in der Silhouette des Berges versöhnen. Die zentralperspektivische Konstruktion der Landschaft, innerhalb derer sich eine auf den Betrachter bezogene Ordnung kontinuierlich ausbreitet, ist aufgegeben. Der Betrachter muß die disparaten Versatzstücke dieser Landschaft selbst zusammenfügen und wird durch die Anlage des Bildes gezwungen, unterschiedliche Standpunkte einzunehmen und sich damit dieser disparaten Landschaft anzupassen und bewußt zu werden. Die Landschaft verweigert sich dem unmittelbaren Zugriff ähnlich wie die „Schwedische Landschaft" aus dem Jahre 1930.[23] Der Betrachter muß selbst die Zusammenhänge zwischen den einzelnen Gegenständen und Ansichten herstellen, er muß immer neue Rauminseln inner-

22) Vgl. dazu Abbildung Kat.-Nr. 11.
23) Vgl. dazu Abbildung und Text zu Kat.-Nr. 20.

halb einer Landschaft erobern, die nicht mehr auf ihn zugeschnitten ist. In der brüchigen Konstruktion, die die Teile der Landschaft nicht mehr innerhalb eines kontinuierlichen Raumes integriert, deutet sich der „Verlust der Mitte" an. Nicht das Gegenüber der Landschaft, der Mensch, ist Zentrum dieser Ordnung, sondern in der Landschaft brechen sich unterschiedliche Perspektiven nach ihren Gesetzen. Die Fiktion eines auf den Menschen hin geordneten Kosmos ist damit aufgegeben. Die Landschaft ist zerstückt, eine neue einheitliche Synthese will nicht gelingen. Auffällig mehren sich die Details in seinem 1928 entstandenen Bild „Hafen in Nienburg",[24] das sich ebenfalls aus unterschiedlichen Ansichten zusammensetzt. Die Kleinteiligkeit dieses Bildes ist jedoch nicht verwirrend. Eingebunden in deutlich geschiedene Farbflächen wirken die Details eher als richtungsweisende Struktur der Flächen und klären damit das Raumgefüge. Die Farbflächen selbst sind nicht in sich differenziert und suggerieren keinen Raum, dieser wird vielmehr zeichnerisch durch die lineare Strukturierung der Flächen und das lineare Gerüst erzeugt. Anstelle einer illusionären Raumdarstellung, ist Raum hier rein mathematisch als Konstruktion begriffen. Wahrscheinlich erklärt sich aus dieser Auffassung des Raumes auch Thoms' Beschäftigung mit Winterlandschaften, eine Themenwahl, die ihn mit vielen neusachlichen Malern verbindet. So ist die raumbildende Kraft der Farbe in seinem „Winterbild"[25] aus dem Jahre 1929 völlig negiert. Die weiße Fläche der Schneelandschaft wird allein durch Linien als Raum bzw. als Räume definiert. Denn auch in diesem Bilde scheiden sich Vorder- und Hintergrund in zwei unterschiedliche Tiefenräume. Der flach ansteigende durchfurchte Raum des Vordergrundes kippt auf der Höhe des Weges, auf dem ein Schlittengefährt das Bild zu durchqueren scheint, in die Tiefe des Bildes und erstreckt sich in eine schier endlose Ferne. Der räumliche Eindruck dieser Landschaft wird einzig durch graphische Mittel hervorgerufen, denn die weiße, undifferenzierte Fläche der Schneefelder gibt keinerlei Auskunft über ihre räumliche Ausdehnung, noch über ihre Richtungstendenzen. Raum reduziert sich in diesem Bilde auf ein lineares, abstraktes Gefüge, das die weißen Flächen räumlich zueinander ordnet.

Ein Jahr später entsteht das Bild „Schwedische Schärenwerft"[26] von Ernst Thoms. Erstmals zeigt eine einheitliche Sicht die verschiedenen Gegenstände im Bilde. Von links oben aus der Vogelperspektive gesehen, fügen sich Schiffe, die am Landungssteg liegen, Häuser und Fabrikgebäude einem einheitlichen Raumzusammenhang ein. Trotzdem ist der Raum, der hier wiedergegeben wird, kein traditioneller Landschaftsraum. Zwar verbinden sich die Gegenstände in einer einheitlichen Ansicht, doch gleichzeitig werden sie durch scharfe Konturen voneinander isoliert. Präzise und klar tritt jede einzelne Form dieser mathematisch exakt konstruierten Zweckbauten hervor, deren Binnenformen der gleichen technischen Tradition gehorchen. Die gesamte Insel gliedert sich technisch in Sektoren, die funktional aufeinander bezogen sind. Hier wird das Bild einer künstlichen, synthetischen Welt entworfen, wo der starre Zweck der Mathematik jeden Rest von organischer Natur getilgt hat. Wie eine künstliche Machination schwimmt dieser technische Mikrokosmos, in dem der Mensch kaum noch Platz hat, auf dem grünen Meer, dessen intensive Färbung ebenfalls synthetisch wirkt.

Trotz des einheitlichen Raumgefüges gibt Thoms in diesem Gemälde nicht das Bild einer organischen Einheit, sondern er inszeniert eine Welt technischen Kalküls, eine große Lebensmaschinerie, in der kaum noch Raum für Leben zu sein scheint.

Das Jahr 1930, in dem dieses Bild entstand, markiert

---

24) Vgl. dazu Abbildung und Text zu Kat.-Nr. 18.
25) Vgl. dazu Abbildung und Text zu Kat.-Nr. 17.
26) Vgl. dazu Abbildung und Text zu Kat.-Nr. 19.

einen wichtigen Wendepunkt innerhalb der künstlerischen Entwicklung von Ernst Thoms.

„Um 1930 spürt man in den von Ernst Thoms gemalten Landschaften eine Veränderung. Sie wirken natürlich, bekommen immer mehr Weite und Atmosphäre, wobei Licht und Schatten effektvoll eingesetzt werden."[27]

Mit anderen Worten: anstelle der technisch konstruierten Landschaft, die für das Schaffen des Künstlers in den zwanziger Jahren typisch war, tritt das traditionelle Landschaftsbild. Das kalte Präzisionslicht, das seine frühen Arbeiten charakterisiert, weicht zunehmend einem atmosphärischen Licht, das den Raum durch den Wechsel von Licht und Schatten rhythmisierend durchdringt. Das Aquarell „Tauwetter" aus dem Jahre 1934 zeigt noch die scharfen Kontraste, die harte Betonung der Konturen. Das Spiegelbild des Baumes im Wasser reflektiert noch sein lineares Gerüst, das durch keine Lichtbrechung verunklärt wird. Doch zeigt sich in diesem Aquarell auch die zunehmende Angleichung der Thomsschen Bildwelt an die sichtbare Wirklichkeit. Abstraktionen werden nicht mehr konstruktiv eingesetzt, sondern erscheinen als einfache Abstraktionen von Naturalismen, die keine Spannung mehr im Raum erzeugen. Statt eines architektonischen Raumdiagramms verknüpfen ornamentale Linienschwünge die einzelnen Gegenstände zu einem organischen Gefüge. Bezeichnenderweise wird um 1930 das Aquarell zum bevorzugten künstlerischen Medium, dessen sich der Künstler bedient. Verstärkt konzentriert sich der Maler auf Licht- und Schattenwirkungen, die jetzt das kompositionelle Gefüge der Landschaft bestimmen. So entsteht in dem Aquarell „Waldlandschaft" aus den Jahren 1932/33 die räumliche Wirkung allein durch Lichtbahnen, die einzelne Baumgruppen aus der dunklen Silhouette des Waldes hervorheben, bzw. wie rechts im Bild, eine Lichtung im Hintergrund des Bildes beleuchten und sie damit als Fluchtpunkt des perspektivischen Durchblicks akzentuieren. Die Komposition gliedert sich deutlich nach Lichtwerten, die zunehmend die einzelnen Gegenstände organisch versöhnen. Immer stärker gleicht sich die Thomssche Landschaftsauffassung romantischen Vorbildern an wie etwa das 1938 entstandene Aquarell „Am Moorbach". Der hohe Horizont, vor dem sich die Silhouette eines Baumes abzeichnet, füllt über die Hälfte des Blattes aus und erinnert damit stark an Werke von Caspar David Friedrich, den Thoms besonders schätzte.[28]

Der Tiefenraum der Landschaft breitet sich kontinuierlich vor dem Betrachter aus, auf den die Ordnung bezogen zu sein scheint. Landschaft verwandelt sich wieder im Sinne der Romantiker zum kosmischen Gefüge, dessen organische Ordnung Vorschein einer versöhnten Welt ist.

Diese für Thoms neue, insgesamt jedoch traditionelle Art der Landschaftsdarstellung, die nichts mehr mit den technisch konstruierten, „künstlichen" Landschaften der zwanziger Jahre gemein hat, hat gewisse Parallelen in der Veränderung der politischen und gesellschaftlichen Verhältnisse in diesen Jahren. Der „Stilwechsel", den man in den Thomsschen Landschaften dieser Jahre konstatieren kann, ist ein Phänomen, das sich bei vielen Malern in diesen Jahren beobachten läßt.

„Ernst Thoms wich damit bewußt dem Druck aus, den die nationalsozialistische Kulturpolitik zunehmend auf die Künstler auszuüben begann. Die Landschaftsdarstellung war neutraler und weniger verfänglich als etwa das Porträt, mit dem nun einem programmatischen Menschentypus gehuldigt werden wollte. Und tatsächlich wurden auch 1937 an Museen in Hamburg und Hannover Porträts und ein Stilleben

---

27) D. Gadesmann / F. Krahé, Ernst Thoms - Bilder aus Nienburger Privatbesitz, Ausstellungskatalog Nienburg 1981, S. 5.
28) „Caspar David Friedrich ist der Weg zu neuer Malkultur und nicht das Dekorative-Expressionistische."
Ernst Thoms, in: Nienburger Zeitung vom 15. März 1949.

Pieter Bruegel d. Ä.
Der Turmbau von Babel 1563
Kunsthistorisches Museum Wien

von Ernst Thoms als „entartet" beschlagnahmt und zerstört. Mit seinen Landschaftsaquarellen konnte er sich aber weiterhin an den Ausstellungen, etwa des Kunstvereins Hannover beteiligen und so durch Verkauf seiner Arbeiten seinen Lebensunterhalt sichern. Eine politische Verfolgung blieb ihm erspart."[29]
Ob Thoms sich tatsächlich wie etwa Otto Dix verbannt in die Landschaft fühlte, mag dahingestellt sein, doch belegt ein Gemälde aus dem Jahre 1937, daß er sich ähnlich wie Dix in dieser Zeit traditioneller Bildthemen und Darstellungsformen bediente. Thoms Bild „Turmbau"[30] zeugt von einem gewissen Kulturpessimismus und Mißtrauen in die Technik, das sich so in seinen frühen Werken nicht artikulierte. Thoms transponiert in seinem Gemälde das Bruegelsche Vorbild des Turmbaus zu Babel in die Moderne. Eine monströse Fabrikanlage, die in dem Stahlgerüst eines gewaltigen Turmes gipfelt, der das Erdreich zersprengt hat, erfüllt fast das gesamte Bildformat. Arbeiter unterminieren das Erdreich, dessen Oberfläche schon fast gänzlich zerstört ist. Wälder werden abgeholzt, man rückt der Natur mit Spitzhacke und Preßlufthammer zu Leibe, man baut künstliche Brücken, wo der natürliche Zusammenhang zerstört ist. Natur ist zerstückt, in einzelne Schollen zersprengt, deren Zerstörung gewiß scheint. In dieser Ausgeburt technischen Fortschrittsdenkens zeigt sich die Kehrseite menschlicher Vernunft. Technik hat sich gelöst von menschlichen Zwecken und scheint der Utopie nicht mehr fähig, ihre Ordnung trägt nicht mehr. Ihr Zusammenhang ist der der Zerstörung.

29) D. Gadesmann / F. Krahé, Ernst Thoms - Bilder aus Nienburger Privatbesitz, Ausstellungskatalog Nienburg 1981, S. 6.
30) Vgl. dazu Abbildung Kat.-Nr. 23.

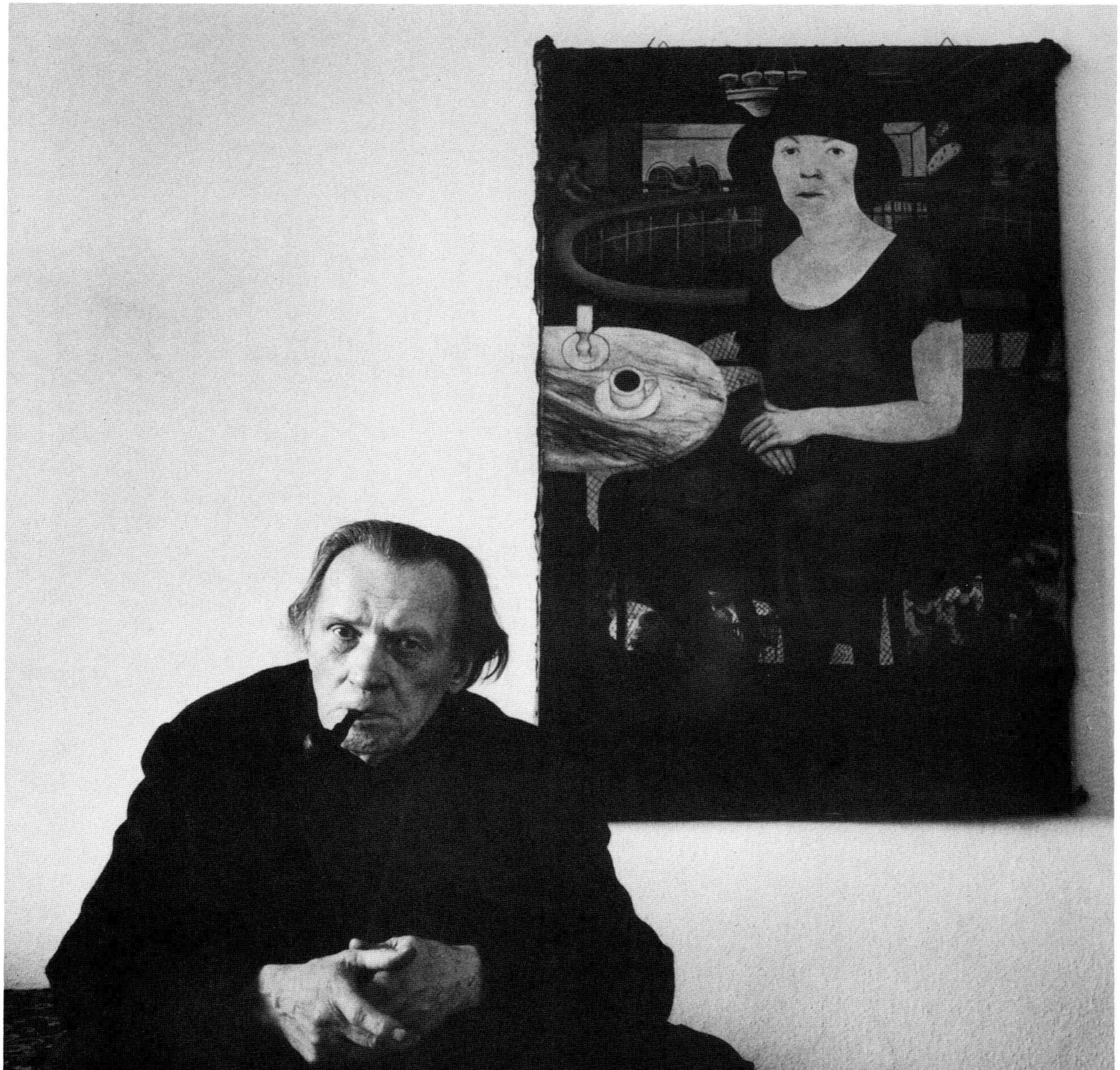

Biographische Daten[1]

1896 13. November: Ernst Thoms wird als Sohn von Christiane Schulze und Peter von Jetschewski in Nienburg geboren. Christiane Schulze heiratet den Bahnbeamten Heinrich Thoms und hat mit ihm danach noch vier Kinder: Arnold, Carola, Georg und Emil. Wohnsitz: Wölper Straße 6.

1902 Einschulung Ernst Thoms' in die Hüttenschule.

1903 Wechsel auf die Bürgerschule am Schloßplatz.

1911 Bürgerschulabschluß und Konfirmation. Beginn einer Malerlehre bei Meister Rahlf in Nienburg.

1914 Abbruch der Lehre, Thoms meldet sich freiwillig als Soldat. 23. Oktober: Gefangennahme bei Langemarck. Englische Kriegsgefangenschaft in einem Lager in Templemore, Typerary/Irland.

1915 Tod seines Stiefvaters. Überführung in ein Lager bei Leigh/England. Gewinnt den 2. Preis eines künstlerischen Lagerwettbewerbs.

1919 Rückkehr nach Deutschland. Holt die Gesellenprüfung nach.

1920 Studium an der Kunstgewerbeschule in Hannover für sechs Monate. Wohnt bei seiner Mutter in der Wölper Straße in Nienburg.

1922 Bezieht ein Dachbodenatelier in der Calenberger Straße 23 (heute 13) in Hannover. Verdient Lebensunterhalt mit Gelegenheitsarbeiten.

1926 Erste Ausstellung in der Kestner-Gesellschaft in Hannover. Das Provinzialmuseum Hannover kauft das Bild „Dachboden".

1927 Gewinnt den 2. Preis eines Nachwuchswettbewerbs in Berlin mit dem Bild „Mädchen im Café".

1930 Eintritt in die Hannoversche Sezession.

1932 Eintritt in den Deutschen Künstlerbund.

1934 Thoms heiratet Grete Giesemann.

1936 Neben dem Dachbodenatelier Wohnung in der Karmarschstraße 13.

1937 In der Kunsthalle Hamburg und dem Provinzialmuseum Hannover werden Bilder von Thoms durch die Nationalsozialisten beschlagnahmt.

1939 Einberufung zum Militär für ein Jahr.

1941 Geburt der Tochter Juliane.

1942 Verlegung der Wohnung in die Stolzestraße 43.

1943 8. und 9. Oktober: Ausbombung der Wohnung und des Ateliers. Verlust vieler Bilder. November: Notquartier in Warmsen bei Hannover.

1946: Tod seiner Mutter.

1950: Rückkehr nach Hannover in die Plathnerstraße 28 (heute 7), Atelier und Wohnung.

1964: Verleihung des Großen Verdienstkreuzes des Niedersächsischen Verdienstordens 1. Klasse.

1968: Wohnsitz in der Blücherstraße 3. Ein zunehmendes Augenleiden behindert stark seine künstlerischen Arbeiten.

1975: Verleihung der Ehrenbürgerschaft der Stadt Nienburg.

1977: Tod seiner Frau. Verleihung des Bundesverdienstkreuzes 1. Klasse.

1978: Lebt jetzt in Langeln bei Nienburg.

Liste der Ausstellungen

1926 Kestner-Gesellschaft, Hannover.

1927 Junge Maler in der deutschen Kunstgemeinschaft, Berliner Schloß, Berlin.

1927 Neue Sachlichkeit, Galerie Neumann-Nierendorf, Berlin.

1927 Europäische Kunst der Gegenwart, Zentenarausstellung des Kunstvereins, Hamburg.

1927 Deutsche Kunst, Museum, Düsseldorf.

1928 Thoms-Ausstellung, Galerie Neumann-Nierendorf, Berlin.

1928 Die Neue Sachlichkeit in Hannover, Kunstverein, Altes Museum, Nordhausen.

1929 97. große Kunstausstellung, Kunstverein, Hannover.

1929 Neue Sachlichkeit, Stedelijk Museum, Amsterdam.

1930 Hannoversche Künstler, Hannoversche Sezession, Kestner-Gesellschaft, Hannover.

1930 Tysk konst under Två Sekler (Deutsche Kunst in zwei Jahrhunderten), Liljevalchs Konsthall, Stockholm.

1931 99. große Kunstausstellung, Kunstverein, Hannover.

1932 100. große Kunstausstellung, Große Jubiläumsausstellung 1832-1932, Kunstverein, Hannover.

1932 Herbstausstellung westfälischer Künstler, Dortmund.

1934 19. Ausstellung Bienale, Venedig.

1947 Thoms-Ausstellung zum 50. Geburtstag, Nienburg.

1953 Niedersächsische Landschaften seit 1800, Kunstverein, Hannover.

1956 Ernst Thoms, Museumsverein, Nienburg/Weser.

1957 Sonderausstellung Ernst Thoms, Kunstverein, Hannover.

1961 Neue Sachlichkeit, Haus am Waldsee, Berlin.

1962 Die Zwanziger Jahre in Hannover, Kunstverein, Hannover.

1966 Ernst Thoms, Ausstellung, Museum, Nienburg.

1967 Magischer Realismus in Deutschland 1920-1933, Kunst- und Museumsverein, Wuppertal und Neuß.

1968 Aspekte der Neuen Sachlichkeit, München und Rom.

1969 Moderne Kunst aus Privatbesitz in Hannover, Kunstverein, Hannover.

1969 Realismus in der Malerei der zwanziger Jahre, Kunstverein, Hamburg und Frankfurt.

1971 Realismus zwischen Revolution und Machtergreifung, Württembergischer Kunstverein, Stuttgart.

1971 Hannoversche Kunst, Hallands Museum, Halmstad.

1972 Malerei der Wirklichkeit in Deutschland 1920-1932, Oldenburger Kunstverein, Oldenburg.

1974 Réalismes en Allemagne 1919-1933, Musées d'Art et d'Histoire, St. Etienne und Chambéry.

1974 Realismus und Sachlichkeit, Aspekte deutscher Kunst 1919-1933, National-Galerie, Berlin.

1974 Neue Sachlichkeit in Hannover, Kunstverein, Hannover.

1975 Ernst Thoms, Ölbilder, Aquarelle, Fachhochschule Nienburg.

1979 Revolution und Realismus, Revolutionäre Kunst in Deutschland 1917-1933, Staatliche Museen, Ostberlin.

1979 Die zwanziger Jahre in Deutschland, London.

1981 Ernst-Thoms-Ausstellung, Kunstmuseum Hannover mit Sammlung Sprengel.

1981 Ernst-Thoms-Ausstellung, zum 85. Geburtstag, Museum Nienburg.

Ernst Thoms war außerdem in den Jahren 1928, 1932-1943 und 1950-1969 regelmäßig mit seinen Werken auf den Frühjahrs- und Herbstausstellungen im Kunstverein Hannover vertreten.

---

1) Für Angaben zur Biographie und zu den Ausstellungen, auf denen Werke Ernst Thoms' gezeigt wurden, bin ich Herrn D. Gadesmann zu Dank verpflichtet.

KATALOG

1 Jäger und Mädchen 1924

Öl auf Leinwand
98 x 72 cm
Privatbesitz

Jäger und Mädchen, ein Mann und eine Frau stehen starr, fast frontal im Bild. Das Gewehr, das wie eine Barrikade diagonal vor ihre Körper gesetzt ist, verbindet beide Gestalten. Hart konturiert, plakativ stehen ihre flächigen Körper vor einer Landschaft. Während hinter dem Jäger links schematisch wiedergegebene Felder, Wiesen und Bäume auf dunkle, die Aussicht versperrende, geometrische Flächen zulaufen, öffnet sich hinter der Frau der Blick auf eine Eisenbahnbrücke. Die Schienenstränge führen in die Tiefe des Bildes, wo sich mehrere Bäume am Horizont abzeichnen. Häuser säumen die Eisenbahnbrücke auf beiden Seiten. Im Vordergrund sind Blumen eines umhegten Vorgartens sichtbar, der vom Gitter einer Schranke, die sich mit dem Gewehrlauf überschneidet, begrenzt ist. Der Schienenstrang, der erst dahinter sichtbar wird, führt vorbei an einem Signalmast in die offenen Wiesenflächen und Gärten im Hintergrund. Offensichtlich sind hier - angesichts der Unvermitteltheit der umgebenden Landschaftsabschnitte, die sich nicht miteinander versöhnen, - dem Mann und der Frau zwei unterschiedliche Welten symbolisch zugeordnet. Dem Jäger, der dunkel mit tiefblauem Gesicht vor einer Waldlandschaft steht, sind zwei tote Vögel gleichsam als Attribute beigegeben. An der Seite des Mädchens, das durch die Sphäre von Haus und Garten gekennzeichnet ist, liegt ein toter Hase. Der Hase - Symbol der Fruchtbarkeit, aber auch der Treue - schließt sich fast mit dem Umriß ihres Körpers zusammen. Das Mädchen ist sittsam gekleidet. Eine mit Spitzen besetzte Haube rahmt ihr starres Gesicht, in dem sich Licht und Schatten im Profil brechen. Das Gesicht des Jägers hingegen ist dunkelblau, nur wenige weiße Linien geben Konturen und Züge des Gesichtes wieder, das sich mit starrem Blick seitlich wendet. Ein brauner Hut ist tief in die Stirn gedrückt. Seine Kleidung, ein schwarzer Umhang über einer weißen, doppelreihig geknöpften Weste verbindet ihn mit dem Vogel an seiner Seite, dessen Flügel blau/weiß das Spiel zwischen positiv und negativ gestalteten Flächen fortsetzt. Organgerot leuchtet der Schnabel des Vogels hervor, rot wie der Mund des Jägers, aber auch rot wie der Mund des Mädchens. Der rote Schnabel/Mund, der den Vogel mit dem Jäger und den Jäger mit dem Mädchen in einem imaginären Dreieck verbindet, ist das einzige gemeinsame Motiv zwischen beiden Welten.

Während die Gestalt des Jägers völlig flächenhaft konturiert gedeutet ist, zeigt sich in der Gestalt der Frau eine gewisse Tendenz zur Verräumlichung. So scheidet sich ihr Gesicht in Licht- und Schattenpartien. Linienzüge deuten die weiblichen Rundungen ihres Körpers an. Die beiden Geschlechter - Mann und Frau - sind damit auch in der Gestaltung als Gegensätze gekennzeichnet, wie zuvor schon die Umgebung und die Attribute ihre unterschiedlichen Charaktere unterstrichen.

Die roten Münder deuten das verbindende Element zwischen den beiden Geschlechtern an - rot wie die Liebe oder der Eros, aber auch rot wie das Blut. Beide Deutungen sind im Bilde enthalten, denn die gelbe Bluse des Mädchens schließt ihren Körper mit dem des erlegten Hasen zusammen. Der Lauf des Gewehres, das die Körper von Jäger und Mädchen verbindet, endet an der Seite des Mädchens, das wie der Hase an ihrer Seite getroffen scheint. Unauflöslich sind Mann und Frau, Opfer und Jäger, Liebe und Tod im Kreislauf der wechselseitigen Beziehungen miteinander verquickt.

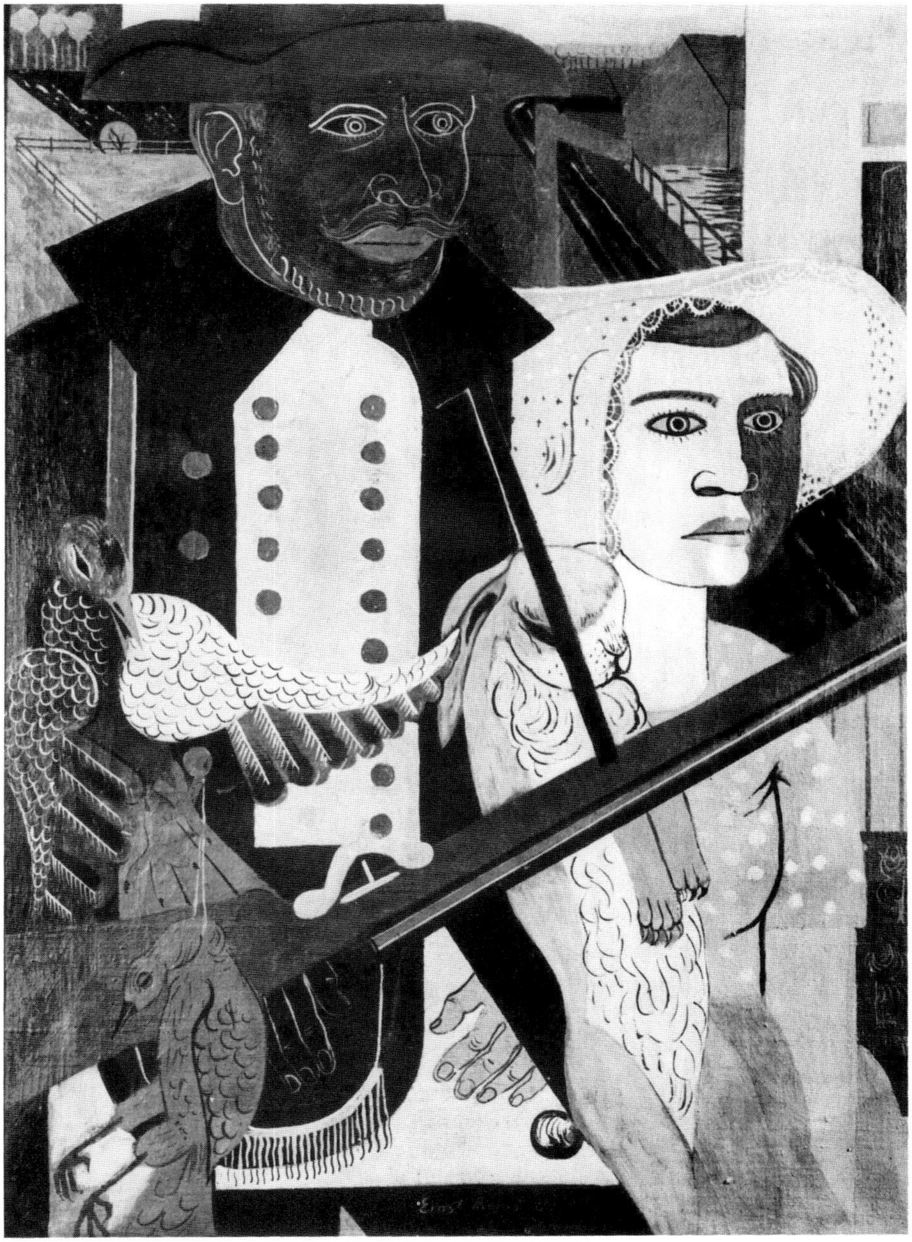

2 Altstadtkind 1925

Öl auf Leinwand
50 x 40 cm
Privatbesitz

Fahl steht das schmale Gesicht des Kindes vor der Schwärze des Hintergrundes, die alles verschluckt. Nur als Strichzeichnung erkennt man eine Eisenbahnunterführung, hinter der sich rechts ein mehrstöckiges Haus erhebt. Beleuchte Fenster reihen sich monoton zum gleichförmigen Raster. Es ist Nacht. Wie im Lichtkegel steht das blasse Gesicht des Kindes hart vor der Schwärze, die einfache Bluse, die es trägt, gleicht sich dem Hintergrund an. Flächsernes Haar, zum Bubikopf beschnitten, rahmt das schmale Oval. Die hohe Stirn wölbt sich großflächig hervor. Es ist kein schönes Kind, das hier inmitten der tristen Realität eines Arbeiterviertels gezeigt wird.

Traurig blicken die graublauen Augen, trozig senken sich leicht die wulstigen Lippen. Kein niedliches Stupsnäschen ziert dieses Gesicht, fleischig ist die Nase und klobig breit. Licht und Schatten rücken in großflächigen Partien zusammen und modellieren mit kühler Präzision ein seltsames Haupt.

Die Schatten ziehen sich an der Stirn ohne ersichtlichen Grund ornamental zusammen und pressen förmlich im Zangengriff die Stirn des Kindes hervor. Die langgestreckten Schattenpartien unter den Backenknochen höhlen die Wangen konkav. Das Kinn wird in fast geometrischer Form als Lichtkreis hervorgetrieben und wirft einen überdimensionalen Schatten auf den Hals des Kindes. Der Kopf wirkt wie aufgesetzt, er scheint nicht organisch mit dem Hals verbunden, der in einem zu weiten Hemdkragen steckt.

Künstliches Licht scheidet Licht und Schatten schärfer und reduziert das Gesicht auf Großformen der Anatomie. Plastizität ist das Ziel der Gestaltung, doch eine Plastizität, die sich nicht organisch vermittelt, sondern ornamental konstruiert ist. Details werden ausgeschieden, zugunsten einer fast monumentalen Wirkung.

Plastizität erzeugt sich nicht innerhalb einer Vielfalt von Licht und Schatten, entsteht nicht aus dynamischer Rhythmisierung, sondern Plastizität heißt hier die Wiedergabe eines Zustandes, Licht und Schatten sind an ihren Ort gebannt.

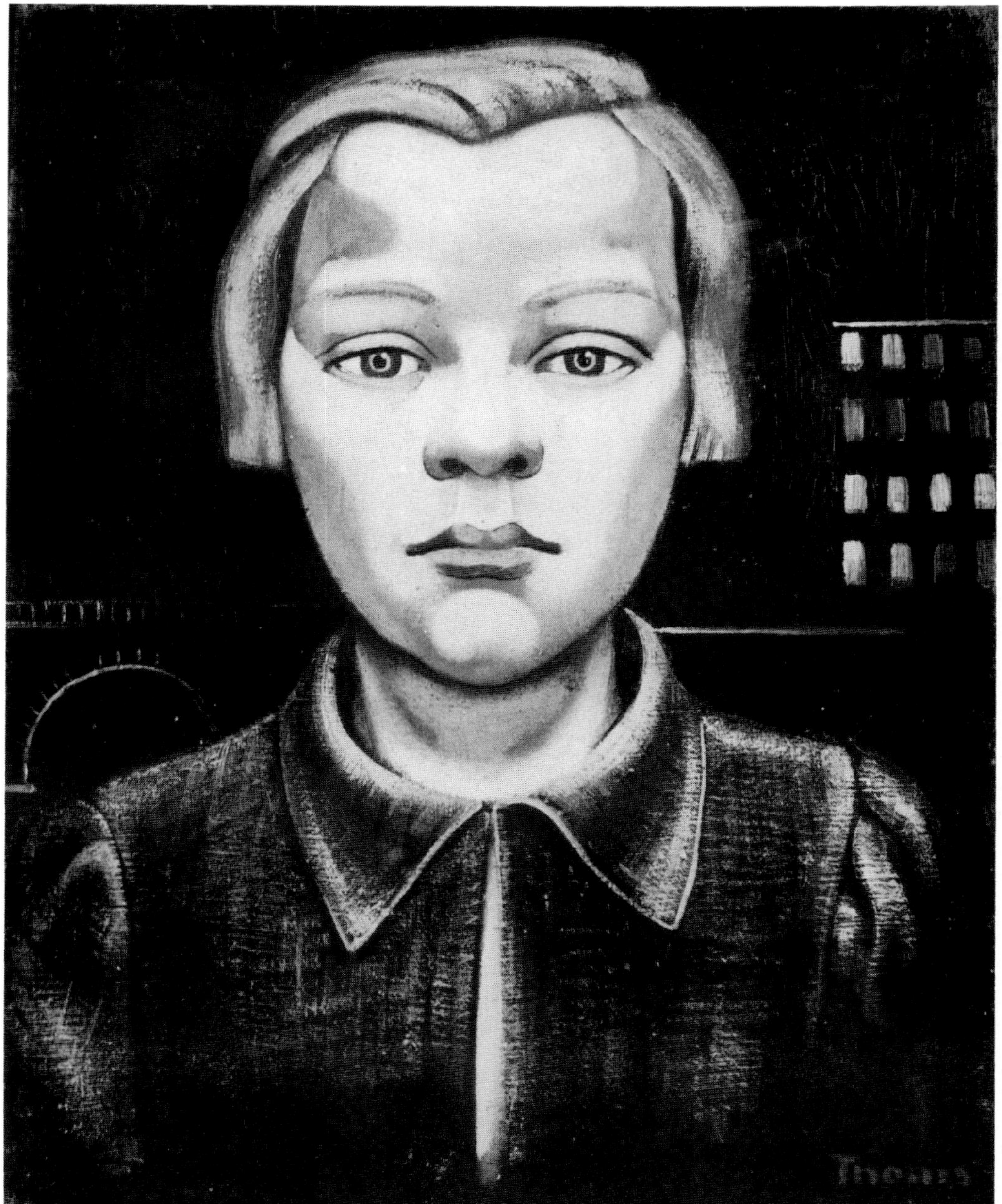

3 Mädchen im Café 1925

Öl auf Leinwand
126 x 82,5 cm
Kunstmuseum Hannover mit Sammlung Sprengel

In einem zweistöckigen Café sitzt eine junge Frau auf der ringförmigen Galerie des Obergeschosses an einem Tisch. Hinter ihr blickt man durch das Netzgitter der fast zum Kreisrund geschlossenen Brüstung in die untere Etage des Cafés, in dem reger Betrieb herrscht. An den Tischen sitzt man fast ausschließlich paarweise zusammen. Rechts serviert ein Kellner ein Getränk. In der Mitte des Saales scheinen keine Tische zu stehen - vielleicht handelt es sich um ein Tanzcafé. Auch im Hintergrund des oberen Stockwerkes sieht man vereinzelt Gäste, doch sind es hier zumeist Frauen, zwei davon sitzen allein an den runden Tischen, eine steht aufrecht im Raum; mit Ausnahme des Paares in der rechten Ecke des Bildes, scheinen sie unbestimmt wartend.

Die Frauengestalten sind in dem kastenförmigen Raum, dem das Kreisrund der Brüstung einbeschrieben ist, in merkwürdiger Reihung aufeinanderbezogen. Ein imaginäres Dreieck, das schräg in die Tiefe des Bildes führt, scheint sie zu verbinden. Durch die wechselseitigen Blickrichtungen der Frauen wird es mehrfach durchkreuzt. Dieses Dreieck ist leicht aus dem Zentrum des Raumes, das durch den Kronleuchter markiert ist, zur Horizontal-Vertikal-Gliederung des Raumes versetzt, und so entsteht auf der linken Bildseite eine stärker fluchtende, den Raum fast gänzlich durchquerende Linie, während rechts eine kürzere, steilere Linie in die Tiefe des Raumes führt. Die Spitze des Dreiecks und damit auch den Angelpunkt dieser beiden Fluchtlinien bildet die Hauptperson des Gemäldes - die junge Frau im Vordergrund des Bildes. Obwohl sie in die stereometrische Konstruktion des Raumes fest eingebunden ist, bildet sie einen deutlichen Kontrast zu ihrer Umgebung. Vor dem wie mit einem karminroten Schleier verhängten Hintergrund rosarot und gelborange oszillierender Töne unterstreicht ihr tiefblaues Kleid ihre bleiche, fast blutleere Erscheinung. Blaß, fast farblos sind Arme, Dekolleté und Gesicht, das hart von einem schwarzen, tiefsitzenden Hut gerahmt wird. Breitbeinig sitzt sie ungelenk auf einem Stuhl, ihre Knie ragen spitz in den Raum. Dicht preßt sie ihre Arme an den Körper, verkrampft hält sie eine kleine schwarze Tasche in ihrem Schoß. Sie blickt aus dem Bild heraus den Betrachter an, reglos und verschlossen. Auf dem Marmortisch neben ihr steht eine Tasse Kaffee, unberührt. Ein Streichholzschachtelhalter ragt, bekrönt von dem aggressiven Rot der Zündhölzchen, steil empor. Unvermittelt fällt der Blick in die untere linke Bildecke, in der ein spitzer Männerschuh erscheint. Die junge Frau ist also nicht allein, ein Mann sitzt auf der anderen Seite des Tisches, für den Betrachter unsichtbar. Vielleicht erklärt das die verkrampfte Haltung der jungen Frau, die sich in diesem etwas zweideutigen Ambiente unwohl zu fühlen scheint. Steif und isoliert hebt sich ihre Silhouette inmitten einer starren Welt fiktiver Beziehungen ab. Der Mann an ihrem Tisch scheint für sie nicht zu existieren. Nichts hat sie gemeinsam mit den Frauen im Hintergrund außer ihrer Einsamkeit. Ihr Gesicht verrät nichts, maskenhaft erstarrt verschließt es sich auch dem forschenden Blick des Betrachters.

49

4 Trödelladen 1926

Öl auf Leinwand
100 x 130,8 cm
Kunstmuseum Hannover mit Sammlung Sprengel

Das Bild zeigt einen Trödelladen, in dem die unterschiedlichsten Dinge angehäuft sind: ein Grammophon, eine Standuhr, Stühle, ein aufgerollter Teppich, ein Klavier ... Durch ein Schaufenster im Hintergrund, das von einer ausgeleierten Jalousie, die an einer Seite herunterhängt, zum Teil verdeckt wird, blickt man auf die Fassade eines Hauses.
Eine schier endlose Vielfalt von Dingen ist im Raum zusammengedrängt, Gegenstände denen nichts gemeinsam ist, als daß sie aus ihrer ursprünglichen Umgebung herausgerissen sind. Als zusammenhanglose, abgelegte Einzelstücke, die sich nicht länger im gutbürgerlichen Wohnzimmer zum repräsentativen Ambiente ordnen, stehen sie zum Verkauf. Kuriositäten, die in ihrer tief schimmernden, satten Farbigkeit ein exotisches Dasein führen als Relikte einer vergangenen Behaglichkeit. In ihrer gedrängten Vereinzelung und ihrem willkürlichen Zusammentreffen entfalten sie ein Leben ganz eigener Art. Die Aufmerksamkeit der fünf menschlichen Gestalten, die sich zwischen diesen Dingen befinden, richtet sich jeweils nur auf einen Gegenstand. Die Dame im Hintergrund läßt ihre Finger über die Tasten des Klaviers gleiten; das aufgeklappte Uhrglas nimmt den Blick des männlichen Interessenten gefangen und bannt ihn ins Geviert der Scheibe, ebenso wie der Blick der Fau im rechten Hintergrund von der geöffneten Glastür eines Schrankaufsatzes gefesselt wird. Der potentielle Käufer der Petroleumlampe hat den gleichen stieren Blick wie der Mann, der im Vordergrund unmittelbar vor dem roten Sofa auf einem Hocker sitzt und an einer Vitrine mit ausgestopften Vögeln vorbeisieht. Sein Blick führt in die Leere. Vielleicht ist er der Händler, dem dieser Trödelladen gehört. Ein aufgeklappter Zollstock durchzuckt schlangengleich sein Blickfeld. Das Leben scheint aus diesen Menschen gewichen. Statuarisch, gebannt sind sie bei ihrer Suche nach einer verlorenen Zeit selbst im Anblick dieser Dinge erstarrt.
Wie der große tiefrote Trichter des Grammophons den Blick des Betrachters in abgründige Tiefe saugt und ihn gefangen nimmt, so ziehen auch die sich durchkreuzenden Diagonalen des Bildes seine Aufmerksamkeit in unterschiedliche Richtungen. Ein einheitlicher Überblick will nicht gelingen. Blickbahnen scheinen wie Pfade durch den Wildwuchs der Dinge geschlagen, nur um den Blick erneut zu verstellen. Nur scheinbar ist diese Ordnung transparent, die dem Blick Fallen stellt, ihn stranden läßt oder ins Ungewisse lenkt. Die kontinuierliche Ausdehnung des Raumes verebbt immer wieder an den hintereinander geschichteten, sich überschneidenden Dingen. Suchend irrt der Blick, indem er sich verfängt.

51

5 Dachboden 1926

Öl auf Leinwand
88,2 x 99,4 cm
Kunstmuseum Hannover mit Sammlung Sprengel

Dieses Bild aus dem Jahre 1926 zeigt einen Dachboden. Nur wenige Gegenstände sind im Raum verteilt. Flaschen stehen in einer Ecke, einige sind umgefallen. An einer Wäscheleine sind ein Paar Socken und eine Hose zum Trocknen aufgehängt. Unmittelbar im Vordergrund steht ein Stuhl mit einer durchbrochenen Sitzfläche. Hinter dem geöffneten Verschlag in der Bildmitte, der den Blick in die Schlucht eines Treppenhauses freigibt, wird das Hinterrad eines Fahrrades sichtbar. Karg ist dieser Dachboden, ohne malerisches Gerümpel, ohne Staub und ohne Spinnweben.

Der Dachboden wird benutzt; der geöffnete Verschlag deutet dies an. Auch die Dachluke auf der rechten Bildseite ist geöffnet, Dächer von benachbarten Häusern erscheinen. Auf der Gegenseite des Bildes ist ein weiteres Fenster zur Hälfte zu sehen. Ein Flügel ragt in den Raum und gibt den Blick auf eine Hausmauer frei. Nichts sonst im Raum zeigt an, daß dieser Boden je betreten würde. Und dennoch durchwaltet eine seltsame Ordnung diesen Raum. Nichts erscheint zufällig in dieser Versammlung der heterogensten Gegenstände. Die Dinge scheinen einem Gesetz geheimer Korrespondenzen zu folgen. Wie die verspannten Schnüre der Wäscheleine durchziehen imaginäre Linien diesen Raum. Das Zickzack der Nagelreihen auf dem Verschlag ist der Schlüssel zu der geheimen Ordnung, nach der sich dieses Bild formiert und in vielfältigen Variationen bricht. Im Zickzack wird der Blick des Betrachters in die Tiefe des Raumes zum rückwärtigen Fenster gelenkt, dann quer durch den Raum in die Tiefe des Treppenhauses geführt und von da über die Treppe zurück zur Dachluke auf der rechten Seite des Bildes. Das Spiel einer Diagonalen, die zwischen zwei Senkrechten vermittelt, setzt sich auf allen Ebenen fort. In der Schlucht des Treppenhauses führt die Schräge der Treppe von Absatz zu Absatz und bildet damit die gegenläufige räumliche Version der durch die Nagelreihen skizzierten Bewegung. Die schräge Linie des Daches in der linken Bildhälfte verbindet Bodenlinie und Dachfirst, bevor die zum Betrachter geneigte Dachschräge sie durchkreuzt und durch die Verspannung der geneigten Flächen eine weitere Zickzackbewegung beschreibt. Und schließlich erzeugt gerade diese Dachschräge die vollkommenste Version des Themas. Durch die schräge Fläche des Daches wird der obere Bildrand mit der imaginären Raumtiefe des Bildes auf der rechten Seite verklammert wie gegenläufig dazu die imaginäre Neigung der Bodenfläche aus der Tiefe zum unteren Bildrand hin vermittelt. Das einfache Schema einer Diagonalen, die zwischen zwei Senkrechten vermittelt, wird somit sowohl als lineare Bewegung, die die Bildfläche durchzieht, als Flächenordnung, die den Raum umstellt und verschachtelt und als raumschaffende Energie, die illusionäre Tiefe erzeugt und Räume durchdringt, begriffen. Das komplexe Gefüge dieses Bildes verwandelt so in facettenreicher Berechnung einen scheinbar willkürlichen Ausschnitt von Wirklichkeit zu einer fast kristallinen Struktur.

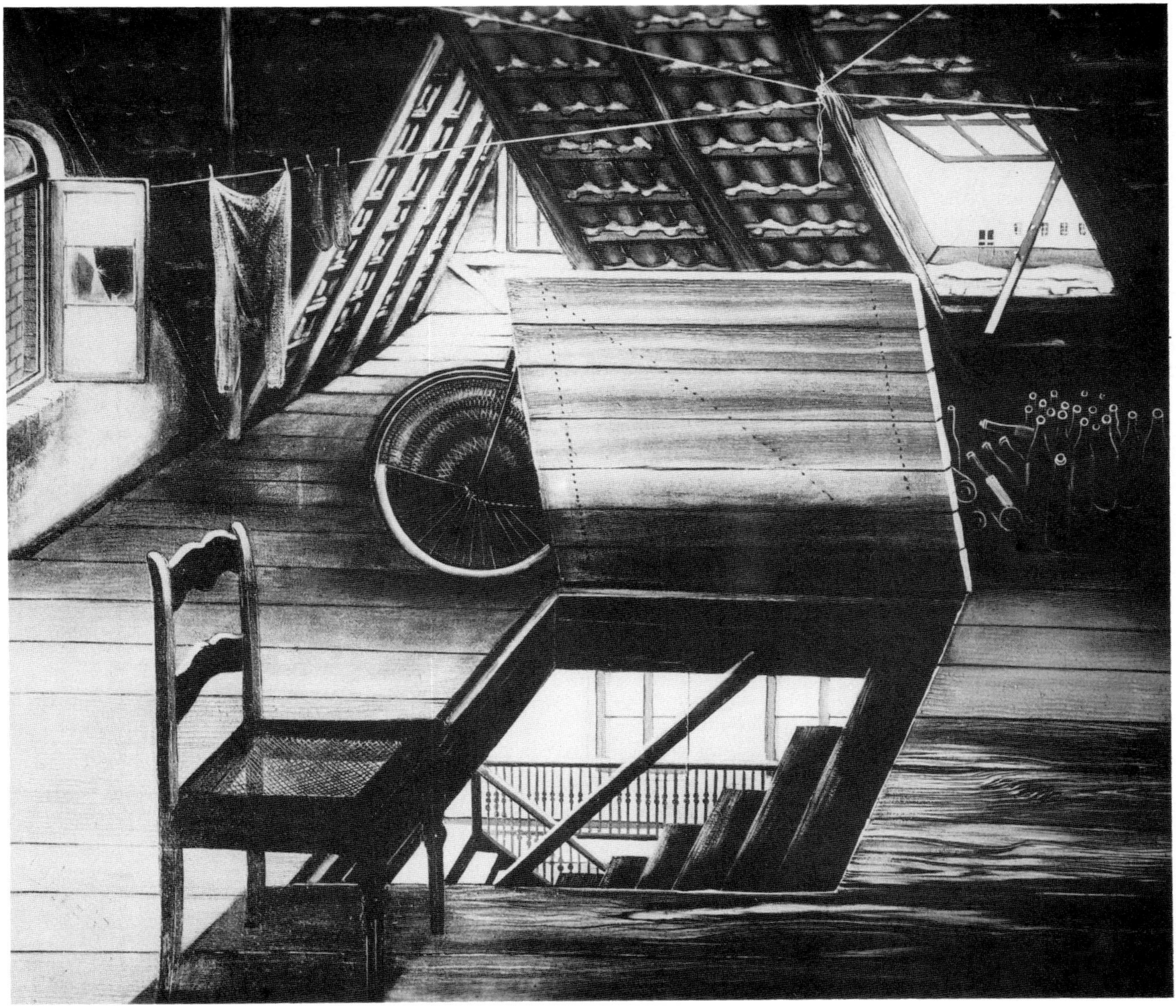

6 Bildnis

Toni Overbeck 1926
Öl auf Leinwand
71 x 53 cm
Privatbesitz

Aus einem extremen Blickwinkel sieht man seitlich in einen stark verkürzten Raum, dessen Längsseite diagonal in die Tiefe des Raumes führt. Die Wand, im Hintergrund des Bildes, die den Raum schließt, läuft weder parallel zur Bildebene, noch ist sie rechtwinklig auf die Längsseite bezogen. Durch ihren Neigungswinkel vermittelt sie zwischen beiden Flächen, so daß ein unregelmäßiger, fast trichterförmiger Raumausschnitt entsteht. Das Raumgeviert wird ebenso wie die Figurine, die die Sicht auf die Raumecke verstellt, von den beiden Wänden eher umstellt als eingegrenzt.

Dieser trichterförmigen Verengung des Raumes korrespondiert eine strahlenförmige Öffnung des Raumes, die ihren Ausgang in der rechten unteren Bildecke nimmt. Die Handrücken der Porträtierten, die im Vordergrund des Bildes in einem Sessel sitzt, liegen auf der Diagonalen, die den Winkel zwischen der Längsseite des Raumes und der unteren Bildkante halbiert. In der wechselseitigen Durchdringung von strahlenförmiger Öffnung und trichterartiger Verengung des Raumes gleichen sich beide Richtungstendenzen aus und lassen ein gleichsam schwebendes Raumgefüge entstehen, von dem die Porträtierte wie schwerelos umfangen wird. An der Längsseite des Raumes öffnen sich drei Fenster zum Ausblick auf eine Stadt. Zwischen geometrisch eingefaßten Rasenbeeten erkennt man die angeschnittenen Fassaden und Giebel von Renaissancehäusern. Jedes Detail der rosarot abgetönten Fassaden, jeder Stein der Wegpflasterung, jeder Grashalm der Rasenflächen sind wiedergegeben. Die Akkuratesse der Darstellung basiert jedoch nicht auf der Wiedergabe von Einzelheiten, sondern in der summarischen Behandlung ist deutlich eine ordnende Hand zu erkennen, die in der Binnenstruktur der einzelnen Flächen eine bestimmte Raumtendenz verfolgt. Vergleicht man etwa die Anordnung der Grashalme in den einzelnen Beeten, so sieht man leicht, daß jeweils unterschiedliche Raumvorstellungen suggeriert werden und der Raum stufenförmig nach hinten ansteigt. Durch das hintere Fenster blickt man auf den Turm einer Kirche, die offensichtlich auf einem kleinen Hügel steht. Der ansteigende Weg, der zu dem Gebäude führt, vermittelt zwischen dem extremen Gefälle des Innenraums und dem Ausblick, indem in seiner Steigung die Tendenz des Innenraums parallelisiert wird.

Ein Flügel des durch Sprossen unterteilten Fensters ist geöffnet und ragt parallel zum Bildrand in den Raum. In der Überschneidung mit dem geschlossenen Fensterflügel wird ein Raumdiagramm sichtbar. Strahlenförmig laufen die Sprossen des geschlossenen Flügels, den Gesetzen der Zentralperspektive folgend, auf einen imaginären Fluchtpunkt in der Tiefe des Raumes zu, während die Sprossen des geöffneten Flügels streng parallel zum Bildformat dem Gesetz der Frontalität folgt. Die Verschränkung dieser beiden Darstellungsformen durchzieht den gesamten Bildaufbau, in dem beide Raumdeutungen aufgehoben sind.

Die zierliche Gestalt der Porträtierten, die seitlich am vorderen Fenster des Raumes in einem Korbsessel sitzt, wendet sich dem Betrachter zu. Arm- und Rückenlehnen des Sessels umfangen sie ebenso wie die Wände des Raumes. Flächig schließt sich ihr Körper in der Silhouette ihres schwarzen Kleides zur Frontalansicht zusammen. Das Rautenmuster des Kleides verläuft bruchlos über die gesamte Fläche, ohne zwischen einzelnen Körperformen und -partien zu differenzieren. Die schwarze Fläche dient lediglich als Folie, vor der sich ihre Hände ausdrucksvoll entfalten.

55

Während ihre linke Hand leicht auf ihrem Oberschenkel ruht, liegt ihre Rechte sanft auf ihrem Oberarm. Durch die Parallelisierung der Unterarme überschneiden sich die Ärmelansätze des Kleides genau im rechten Winkel. Diese seltsam achsensymmetrische Haltung der Hände gliedert die Silhouette der Porträtierten ornamental in die Richtungstendenzen des Raumes ein. Die Überkreuzung entspricht der auf die Fläche bezogenen Horizontal-Vertikal-Gliederung des Raumes, während die Richtung, die ihre Handrücken wiesen, der durch Diagonalen erzeugten Raumtiefe entspricht. Sanft umhüllt wie ein Kleinod hebt sich Hals und Kopf der Porträtierten aus der Ummantelung ihres schwarzen Kleides. Ihr regelmäßiges Gesicht wendet sich leicht dem Betrachter zu, auf dem ihr Blick ruht. Sanft und doch streng wirkt ihr Blick, spröde, zerbrechlich und hart ihre Gestalt, deren schwarze Silhouette die weiße Figurine des Hintergrundes als Pendant parallel zugeordnet ist.

Obwohl die schwarzen und weißen Flächen und Formen des Bildes stark kontrastieren, wird durch Parallelisierungen die Spannung zwischen ihnen aufgehoben. Auch der Wechsel zwischen sich durchdringenden perspektivischen Darstellungsformen und Frontalansichten erzeugt keine Spannung, sondern löst sich in einem Spiel von Bewegung und Gegenbewegung. Nirgends setzt sich ein einzelnes Ordnungs- oder Darstellungssystem in seiner ganzen Härte durch, nie beherrscht eine einheitliche Kompositionsform das Bild ungebrochen. Im Wechselspiel zwischen positiven und negativen Formen, zwischen Schwarz und Weiß, zwischen sich durchdringenden Tiefenräumen und Frontalität entsteht ein zartes Gebilde, das von Ambivalenzen bestimmt wird. In der Versöhnung werden die Gegensätze nicht harmonisierend zur Idylle verklärt, sondern durchwirken das Bild als Ordnungsschemata. Die harte Rigidität geometrischer Konstruktion weicht einer spröden Zartheit, die die Wirklichkeit nicht einzwängt, sondern umfängt. Ordnungssysteme beherrschen weniger, als daß sie sich realisieren. In ihrer Gestaltwerdung erscheint Wirklichkeit nicht als geometrische Konstruktion, sondern als von Gesetzmäßigkeiten durchwirkte zarte Empirie.

7 Selbstbildnis 1926

Öl auf Karton
34,5 x 26,5 cm
Privatbesitz

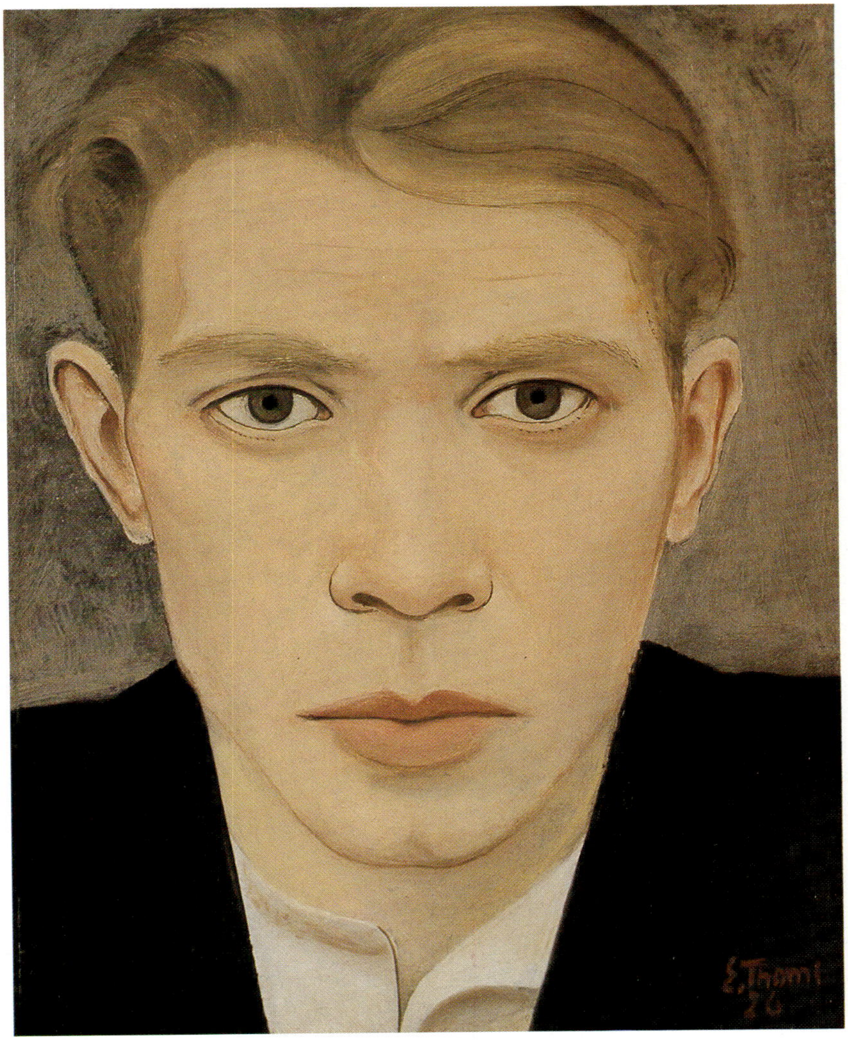
E. Thomi
26

8 Der kranke Maler (August Heitmüller) 1926

Öl auf Leinwand
183 x 120 cm
Landesmuseum für Kunst und Kulturgeschichte Oldenburg

Das Bild „der kranke Maler" zeigt einen Freund des Künstlers, den Maler August Heitmüller. Gigantisch ist seine Erscheinung, die riesige Gestalt droht fast den Rahmen des Bildes zu sprengen. Kahlköpfig, mit leicht gerunzelter Stirn und skeptischem Blick sieht er unverwandt aus dem Bild heraus. Abweisend fixiert er den Betrachter wie einen unerwünschten Eindringling. Beklommenheit stellt sich ein, angesichts der fahlen Farben, die kränkelnd zu verlöschen drohen. Kafkaesk fluchtet der Raum auf die halbgeöffnete Tür im Hintergrund des Bildes zu, wo noch hinter dem Treppenlauf durch das rückwärtige Fenster der Giebel eines Hauses erscheint. Ungeheuerlich ist die Strecke, die der Blick durchmißt. Schier endlos erscheint die suggerierte Ferne, vor der sich doch so nah die Gestalt des Malers abhebt. In dem jäh stürzenden Raum verklammern sich Nähe und Ferne, wobei alle Gegenstände gleichermaßen deutlich erscheinen. Kein atmosphärischer Schleier verunklärt die Ferne, die mathematisch genau konstruiert nur durch ihre dingliche Gestalt sich entrückt. Der Kontrast zwischen Nah- und Fernsicht verleiht dem Maler seine kolossalische Größe.

Eine Diagonale, die links oben vom Treppengeländer markiert durch das Bild hindurch bis zur rechten Schuhspitze des kranken Malers fällt, lenkt den Blick unwillkürlich auf das rechte ausgestreckte Bein des Malers, der wie schützend seine Hand auf das Hosenbein legt. Eigenartig in Blickrichtung gedreht, unförmig aufgedunsen, schwillt es unter dem Jackett hervor. Das Gewicht des Körpers ruht deutlich auf dem linken Bein. Links stützt sich der Maler auf einen Stock und verrät damit den Grund für den Titel des Bildes. Seine Gehbehinderung ist offensichtlich, betrachtet man seine Körperhaltung. Gestrafft und aufrecht steht er da, faßt man nur seine rechte Körperhälfte ins Auge. Inmitten all der Gradlinigkeit erscheint der fast verwegene Schwung des Jacketts als Abglanz jugendlichen Elans. Ganz anders auf der rechten Seite. Schlaff hängt das Jackett von der gesenkten Schulter herab, wie vom eigenen Gewicht bleiern herabgezogen. Ein Stuhl, der rechts hinter der Gestalt des Malers steht, scheint bereitgestellt, um diese Schwere aufzufangen. Hart und unerbittlich ist die Schwäche des Malers gekennzeichnet, mitleidslos wird seine Gebrechlichkeit bloßgelegt. Die tiefen Schatten ziehen sich zu schwarzen, scharfkantigen Flächen zusammen, jede unnötige Kleinteiligkeit ist vermieden. Fahle Farbabstufungen modellieren allein die Gestalt des Malers und geben ihm damit Gewicht. Volumen und körperliche Schwere lassen ihn als trutziges Monument innerhalb des asketischen Gehäuses erscheinen. Seine schiere Körperlichkeit ist Auflehnung gegen die mathematische Strenge des Raums, der ihn gleichwohl in Zucht nimmt, ein Gefangener in seiner Zelle.

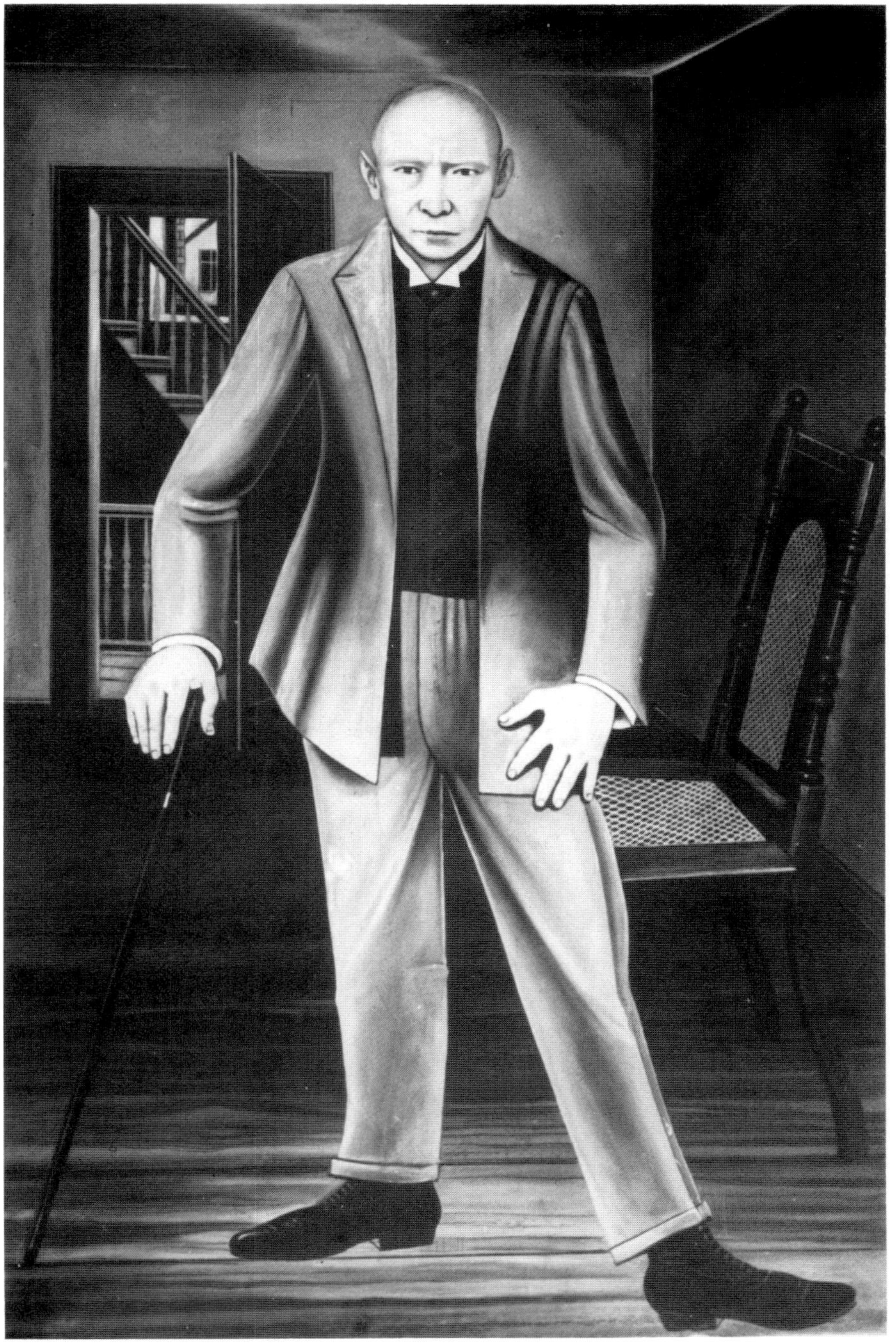

9 Frau mit Schlange 1926
Öl auf Holz
53,2 x 39,5 cm
Privatbesitz

Das Format des Bildes wird fast völlig vom teilweise nackten Oberkörper der Porträtierten erfüllt. Der hochgerückte Horizont des Bildes, der etwa auf Augenhöhe der Dargestellten liegt, geht in die leicht bewegte Oberfläche des Meeres über. Eine felsige, ausgewaschene Bucht umfängt mit sanftem Schwung das Meer, bevor sich rechts die Felsschichten zu einem Plateau auftürmen. Drei Bäume ragen weit draußen in den Himmel.

Vor dieser weitläufigen Meeresbucht steht in stoischer Starre die Silhouette der Porträtierten. Über ihren nackten Busen windet sich eine winzige Schlange. Steht hier Kleopatra vor der Meeresbucht, in der das Schiff ihres Geliebten verschwand, bereit zum Tod durch den Biß der Natter? Die literarische Deutung des Motivs drängt sich auf, doch vereint dieses scheinbar so einfache und doch eigenartige Bild in sich mehrere Anspielungen auf Frauengestalten, die Eingang in die Kunstwelt haben.

Ist diese Kleopatra nicht wie Aphrodite dem Meere entstiegen? Ist sie nicht auch Amazone mit ihrem halbentblößten Busen und ihrer bronzenen Haut? Von ihrer rechten Schulter strömt in dicken Wülsten die Fülle eines roten Gewandes schräg bis zur Gürtellinie herab, die eine Hälfte des Körpers verhüllend. Mit ihrer linken Hand hält sie das Ende des Tuches, das in weichen Schwüngen um ihren Körper geschlungen ist, in die Höhe, sanft auf die Stelle deutend, wo sich die Wölbung ihrer Brust unter dem Gewande abzeichnen müßte.

Schwer senkt sich die sinnliche Fülle ihrer entblößten Brust in die Wölbung des Tuches, weich und fest - Fruchtbarkeitsgöttin? Will sie sich wirklich mit dieser Natter töten oder nährt sie an ihrem Busen eine Schlange? Ornamental windet sich der winzige Leib über ihre Brust, Gefahr signalisierend. Erinnert sie nicht auch an die Sündhaftigkeit des Weibes, die schamlose Versucherin, an Eva, das Urbild des Weibes?

Sphingenhaft ruht der Blick der Frau unbewegt und rätselhaft. Strenge Symmetrie beherrscht ihr stilisiertes Gesicht. Archaisch streng blickt sie unverwandt mit halbgesenkten Augenlidern aus dem Bild. Ihre starre Frontalität gemahnt an die Herbheit alter Ikonen. Marianisch verklärt wirkt der wissende Blick. Goldene Locken fließen gleißend von ihrem Haupt.

Ihr linker abgewinkelter Arm wird vom Rahmen des Bildes jäh beschnitten - ein Torso steht vor uns, in dem sich Heidnisches und Christliches verquickt. Nicht einfach der Mythos einer Frau ist hier wiedergegeben, sondern in seltsamer Osmose vereinen sich verschiedene Mythologeme zu rätselhafter Gestalt.

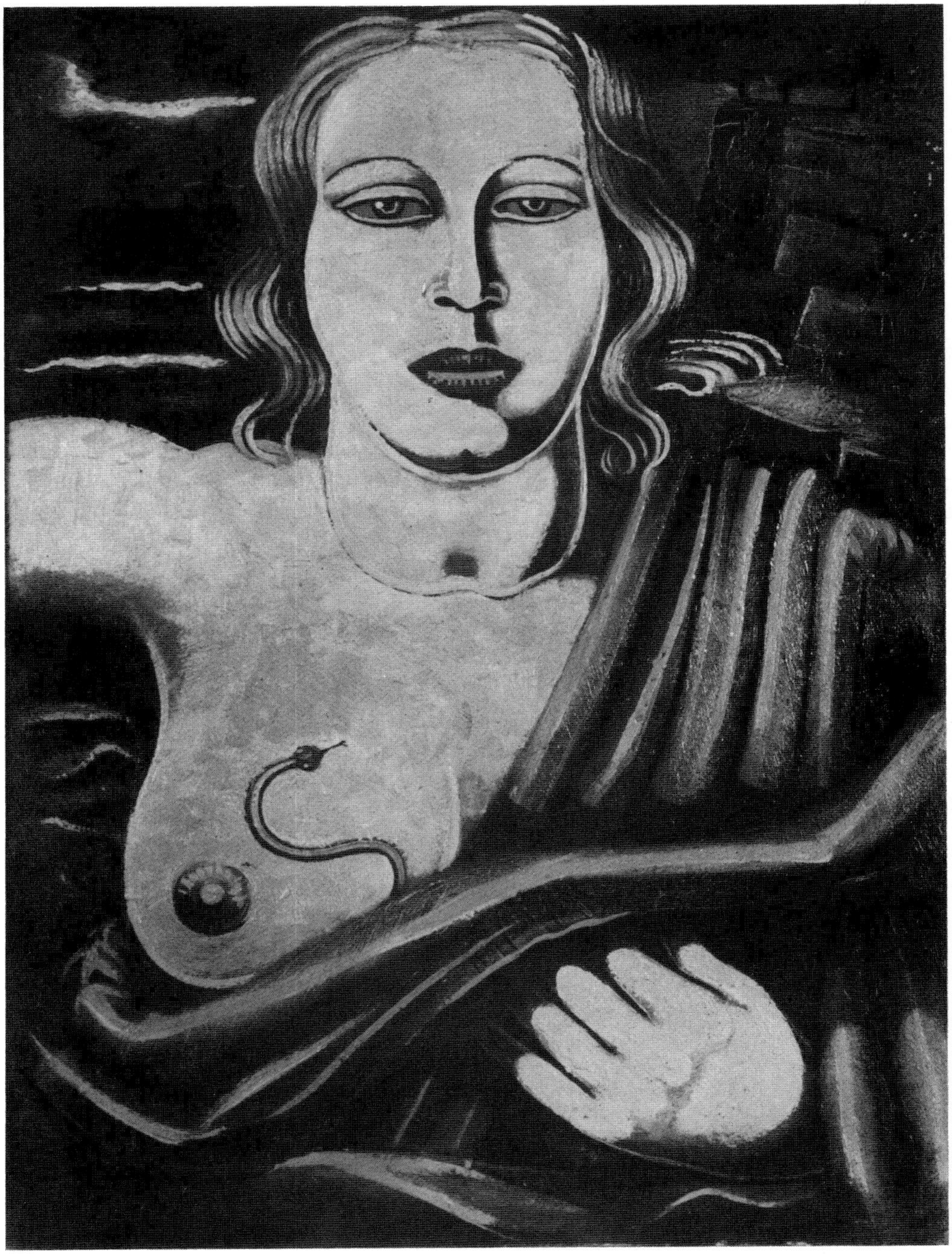

10 Alte Köchin 1927

Öl auf Leinwand
95 x 70 cm
Privatbesitz

Mit leicht gekrümmten Oberkörper und eingesunkener Brust steht die alte Köchin statuarisch geschlossen in einem Raum, der ihr fast zu eng geworden ist. Sie ist in ein strenges System von Horizontalen und Vertikalen eingepfercht, das sich manisch in der Monotonie der Wand- und Bodenfliesen auf der linken Seite des Bildes fortsetzt und auch auf der rechten Bildseite in dem gewürfelten Tischtuch aufgegriffen wird.
Der Rahmen des Bildes verengt sich fortwährend in stetiger Abfolge rahmender Elemente. Der kastenförmige Raum verkleinert sich in der Rückwand des Zimmers, deren rahmende Funktion auf der linken Bildseite durch die beiden senkrechten Leitungsrohre und die Fußleiste signalisiert wird. Eine Verdoppelung der Rahmung wiederholt sich auch in Fensterlaibung und Fensterrahmen, in deren Feld der Oberkörper der Köchin fast gänzlich eingeschlossen ist. Doch selbst der Fensterrahmen ist noch unterteilt und das Oberlicht umrandet die obere Kopfhälfte der Frau. Durch das Oberlicht blickt man auf das streng geometrisch dargestellte Obergeschoß eines Hauses, dessen Fensteröffnungen die Stirn der Köchin flankieren und den Rahmen nochmals verengen. Spielraum gibt es hier nicht.
Spartanisch beschränkt sich die Farbskala auf drei Farben: Blau, Weiß, Schwarz, deren wechselnde Reihung die fast monotone Strenge des Bildaufbaus unterstreicht. Im manischen Gefüge dieser seriellen Raumordnung verkapselt, erscheint die alte Köchin archaisch starr. Ihr schwarzes Kleid zwingt ihren Körper in eine flächige Silhouette, vor der sich die weiße Schürze mit ihrer Fältelung wie ein Panzer ausnimmt. Die starre Geometrisierung erscheint als Ordnung, die sich zwanghaft wiederholt. Mit klinischer Genauigkeit wird ein Befund erstellt, der sich in der räumlichen Ordnung niederschlägt. Keine sentimentale Schwäche, keine anekdotische Schilderung kann hier Raum greifen.
Starr ist der Blick der Frau, ihr Mund geschlossen. Die einzige Regung ist der halb verdeckte, krampfende Griff ihrer Hand in die Schürze. Klage wird nicht laut. Doch beredt sind die klobigen, abgearbeiteten Hände der Frau, die fast zu groß erscheinen.
Ihr umflorter, schwerer Blick unter der skeptisch hochgezogenen Augenbraue, der den Kontakt mit dem Betrachter meidet, die scharfe Falte, die sich von der Nasenwölbung zum Mundwinkel eingekerbt hat, verraten, daß diese Frau keine Träume mehr hat. Verhärmt und verhärtet scheint sie ihrem Leben illusionslos gegenüberzustehen. Es ist kein Fatalismus, der sich hier breit macht, sondern Unausweichlichkeit wird konstatiert. Der Blick aus dem Fenster im Rücken der alten Köchin ist verschlossen.

63

11 Blick auf den Lindener Berg 1928
   Öl auf Leinwand
   56,5 x 64,5 cm
   Historisches Museum am Hohen Ufer,
   Hannover

65

12 Hafen in Nienburg 1928

Öl auf Leinwand
80 x 121,5 cm
Stadt Nienburg

Sonntags vor der Stadt - vereinzelte Spaziergänger flanieren auf den Wegen, ein Angler sitzt geruhsam an der Uferböschung des Hafenbeckens, das sich im Vordergrund des Bildes öffnet. Ein zweiter Angler ist noch auf der Suche nach einem geeigneten Platz und geht auf dem schmalen steinernen Weg, der sich am Fuße der Böschung um das Hafenbecken zieht, mit seiner Angel einher. Nur wenige Boote liegen ruhig in dem behäbigen Hafenbecken, in dem kein Bootsverkehr herrscht. Links winkt ein Mann von einem Raddampfer aus einigen Spaziergängern zu, als wollte er sie zu einem Ausflug einladen. Rechts geht ein Mann gerade über den Bootssteg an Bord eines kleinen Dampfers, dessen Schornstein raucht. Im Hintergrund an der Querseite des Hafenbeckens erkennt man ein Bootshaus, in dem ein kleines Schiff vor Anker liegt. Zu beiden Seiten des Bootshauses liegen noch zwei Schleppkähne. Kein Betrieb stört die ruhige, gelassene Atmosphäre. Die Oberfläche des Wassers, in dem sich die Silhouetten der Boote spiegeln, kräuselt sich nur leicht. Ruhig breitet sich das in den Boden eingelassene Hafenbecken über die untere Bildhälfte aus, umrahmt von der steil abfallenden Rasenböschung und einem mit Natursteinen gepflasterten Weg. Zwei symmetrisch angeordnete Treppenläufe an der Querseite der Böschung verbinden die Ansicht des Hafenbeckens mit der Ansicht der Stadt Nienburg im Hintergrund des Bildes.
Die Boote liegen in Längsrichtung an den Seiten des Hafenbeckens, so daß der leicht seitlich einfallende Blick ruhig über die offene Wasserfläche gleitet und in die Tiefe des Bildes eindringt. Die Blickbahn, die in den Tiefenraum des Bildes führt und durch kein Objekt verstellt ist, beschreibt eine sanfte Biegung geleitet durch die Schiffsrümpfe, so daß der Blick gemächlich den Raum durchmißt. Die horizontale Gliederung des Hafenbeckens, die dem Tiefenraum entgegenwirkt, fungiert ebenfalls als retardierendes Moment. So verstreuen sich die Reflexe der Sonnenstrahlung nicht diffus auf der Oberfläche des Wassers, sondern erscheinen als zwei parallele Lichtbahnen, die so die Fläche in horizontale Streifen unterteilt. Darauf folgt das breite Band der Böschung im Hintergrund, die von den beiden Wegen am Fuß und oberhalb der Böschung horizontal der Fläche des Bildes eingegliedert wird. Fast frontal strandet hier der Blick, nachdem er in einer sanften Biegung durch den Raddampfer in der linken Ecke des Hafenbeckens abgelenkt, das Hafenbecken fast diagonal durchmessen hat. Fast gradlinig führen nun die Treppenläufe in den Hintergrund des Bildes und vermitteln dergestalt zu der Silhouette der Stadt Nienburg. Hinter einer Baumreihe lagert sich breit in Frontalansicht wiedergegeben die Stadt. Kirchturmspitze, Rathaus und ein großbürgerliches Palais ragen deutlich zwischen den Wohnhäusern hervor, deren Dächer man zwischen den Bäumen erkennt. Vereinzelte Fachwerkhäuser - wie z. B. das vor dem Stadtwall auf der rechten Bildseite - geben dem Ganzen einen ländlichen Charakter, so daß das Bild einer verträumten Kleinstadt entsteht, die noch nicht ganz den Charme der dörflichen Idylle verloren hat. Nur das großbürgerliche Palais im Hintergrund, dessen Garteneingang auf der rückwärtigen Seite des Hauses von einem steinernen Portal geziert wird und die Silhouette der Weserbrücke geben der Ansicht eine eher städtische Note.
Bedächtig ist in diesem fast naiven Bilde jedes Detail behandelt. Die Grashalme der Uferböschung, die Blätter der Bäume, die Wellenschwünge der Wasser-

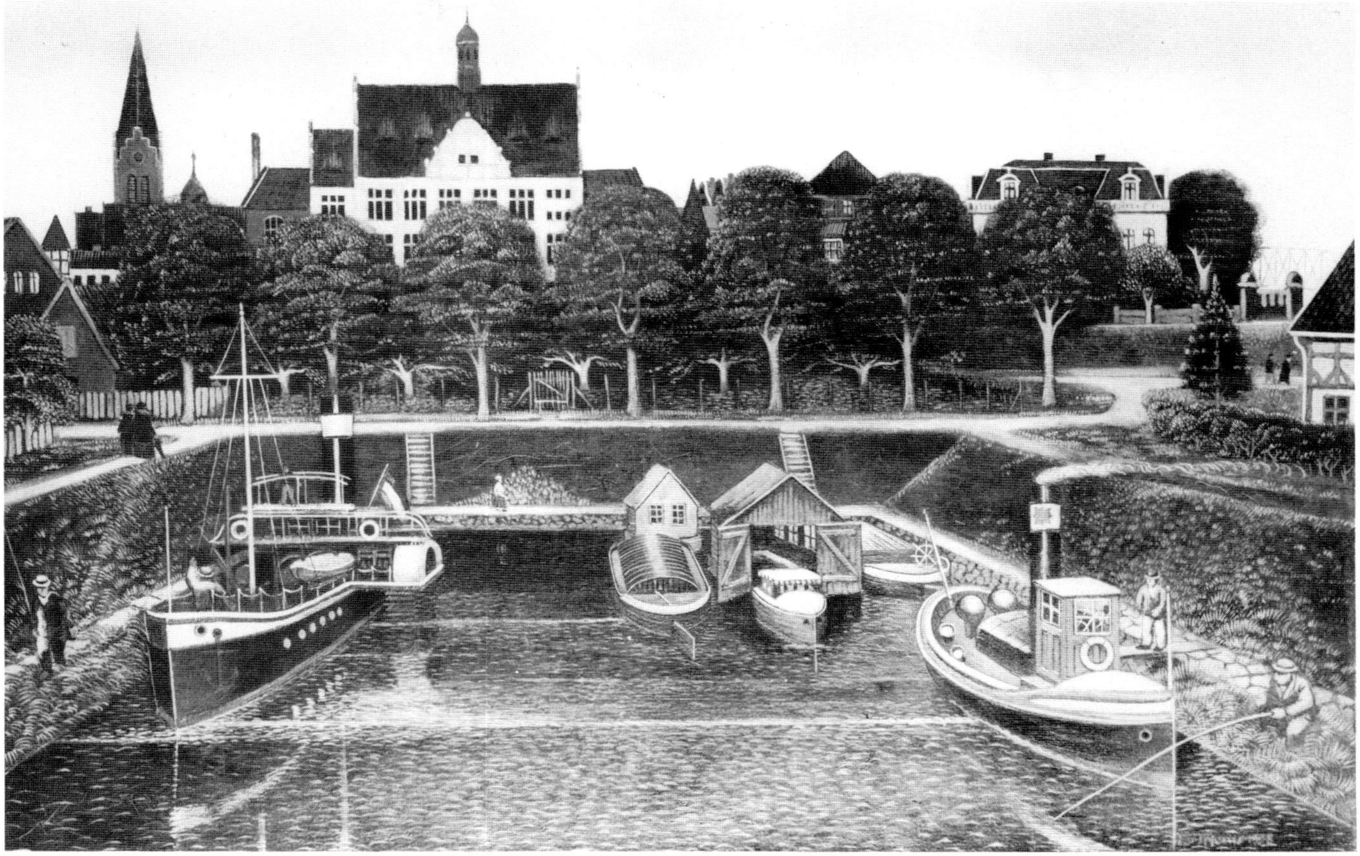

oberfläche, die Struktur der Dächer sind zwar summarisch, aber dennoch mit akribischer Sorgfalt wiedergegeben. Doch wirkt die Vielfalt der Einzelheiten nicht verwirrend in diesem deutlich gegliederten und sorgsam ausgewogenem Bildraum. Eingebunden in großflächige Farbräume, wirken die Details eher als Struktur denn als Wiedergabe von einzelnen Gegenständen. Durch Addition und Reihung reduziert sich die Vielfalt der Details viel eher auf eine Kleinteiligkeit, die den Blick auffängt und ihn zu einer langsamen Erschließung des Bildraumes zwingt.

Raum wird hier nicht atmosphärisch erzeugt. Allein das in die Fläche des Bildes eingelassene Hafenbecken, dessen Umriß ein geometrisches Gerippe des Raums erzeugt, suggeriert Tiefe, während der Hintergrund des Bildes völlig flächig wiedergegeben ist.

Das Bild lädt eher zum Flanieren als zum schnellen Erfassen ein. Durch die Kurvatur des Raumes, in der zwei unterschiedliche Blickwinkel - der seitlich einfallende Blick und die Frontalansicht - sanft ineinandergleiten, wird verhindert, daß der Betrachter das Bild mit einem Blick erfassen kann. Vielmehr wird er zum Nachvollzug dieser Bewegung durch die Anordnung der Gegenstände gezwungen, so daß er langsam und tastend den Raum erschließt. Allein durch diese Bewegung des Blicks entsteht in diesem Bild Tiefe.

13 Bildnis der Mutter 1928
Öl auf Leinwand
46 x 34,5 cm
Privatbesitz

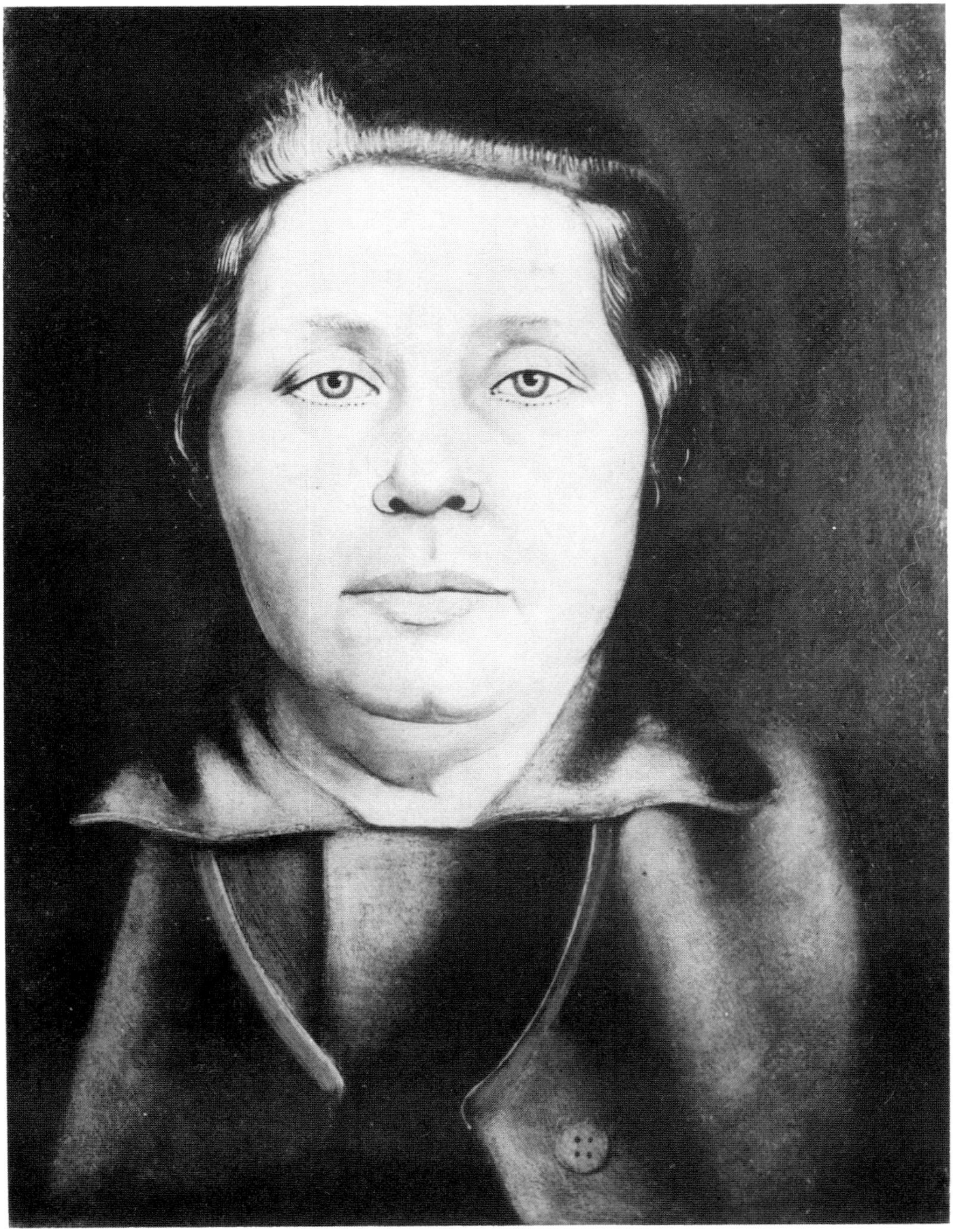

14 Frau in der Küche 1928
Öl auf Leinwand
70 x 50 cm
Privatbesitz

Seitlich blickt man in eine enge Küche. Der Schrank auf der rechten Bildseite und der Holztisch rechts führen, in unterschiedlicher Schrägsicht wiedergegeben, tief in einen kastenförmigen Raum. Die seitlich gesehene Silhouette einer Frau, die am Tisch steht und abwäscht, teilt den Raum in zwei Hälften und vermittelt dergestalt zwischen den beiden unterschiedlichen Tiefenräumen. Während der Raum sich links weiter in die Tiefe des Bildes erstreckt, bevor er von einem Fenster abgeschlossen wird, endet er auf der rechten Seite scheinbar weiter vorn. Der Zwischenraum wird offensichtlich von einem grünen Kachelofen eingenommen, dessen eine Seite man unmittelbar hinter dem Tisch erkennt. In diesem damit ohnehin schon engen, nischenartigen Raumabschnitt, der von dem Kachelofen und dem Tisch gebildet wird, spielt sich die „Handlung" des Bildes ab. Die Frau taucht gerade einen Schaumlöffel in die mit Wasser gefüllte Schüssel. Davor sieht man das bereits abgewaschene Geschirr. Tassen und ein Krug stehen mit der Öffnung nach unten, damit das Wasser abrinnt, zum Trocknen auf dem Tisch. Sie sind in steiler Aufsicht gezeigt, so daß sie fast von dem Tisch, dessen eine Seite parallel zur Bildebene verläuft, aus dem Bild zu rutschen drohen. Durch die Kombination dieser beiden unterschiedlichen perspektivischen Sehweisen verkürzt sich der Raum im Vordergrund und drängt sich noch näher an die Frauengestalt heran. Förmlich eingeklemmt zwischen dem Rund der Abwaschschüssel und einer leeren Schublade des Schrankes, die in ihrem Rücken in den Raum ragt, scheint sich ihre ganze Aufmerksamkeit auf ihre Tätigkeit zu richten. Ruhig und bedächtig konzentriert sie sich auf ihre Arbeit. Der Kopf ist leicht nach unten geneigt. Ihr Bild richtet sich auf das Rund der Schüssel. Während sie mit ihrer linken Hand den Schaumlöffel hält, taucht sich ihre Rechte fast mechanisch in das Wasser, um das Stielende zu säubern. Ihr unbeweglicher Körper ruht in festen Rundungen. Fest umspannt das blaue Kleid ihren Körper faltenlos. Das weiße Pünktchenmuster läuft regelmäßig über das gesamte Kleid, keine Wölbung, keine Höhlung bringt es in Unordnung. Die Rückführung der Körperformen auf mathematisch kontinuierliche Formen und Volumen wird durch die Strenge der blau-schwarz gestreiften Schürze, die steif wie ein Brett vor dem Bauch der Frau hängt, betont. Rundungen werden nur durch die Farbabstufungen des Kleides innerhalb der einzelnen, seltsam geschlossenen Körperabschnitte erzeugt.

Das Licht, das scheinbar von links seitlich, leicht schräg in das Bild einfällt, modelliert sanft die prallen Rundungen der Frau. Es ist nicht identisch mit dem Licht, das durch das Fenster im Hintergrund des Bildes fällt und sich über die Profilierung des Schrankes in den Raum tastet. Nur vage streift es die hinter Leisten senkrecht stehenden Schüsseln, deren Öffnungen lediglich das Licht reflektieren. Die unterschiedlichen Lichteinfälle - einmal von links seitlich schräg ins Bild hinein und einmal von links oben durch das Fenster - überschneiden sich im Gesicht der Frau, dessen eine Hälfte hell aufleuchtet, während das Profil im Dunkel versinkt. In diese Sphäre gebannt, erscheint die Frau fast wie ein Roboter, der mechanisch seine Arbeit ausführend, jeglichen Kontakt zu der Welt außerhalb dieses Raumes verloren hat. Der Ausblick aus dem mit Gardinen verhängten Fenster ist ohnehin durch ein Häuserdach verstellt. Unabhängig von Tageslicht vollzieht sich ihre Arbeit in einem Raum, dessen Ordnungsprinzipien sie eingegliedert ist - aussichtslos.

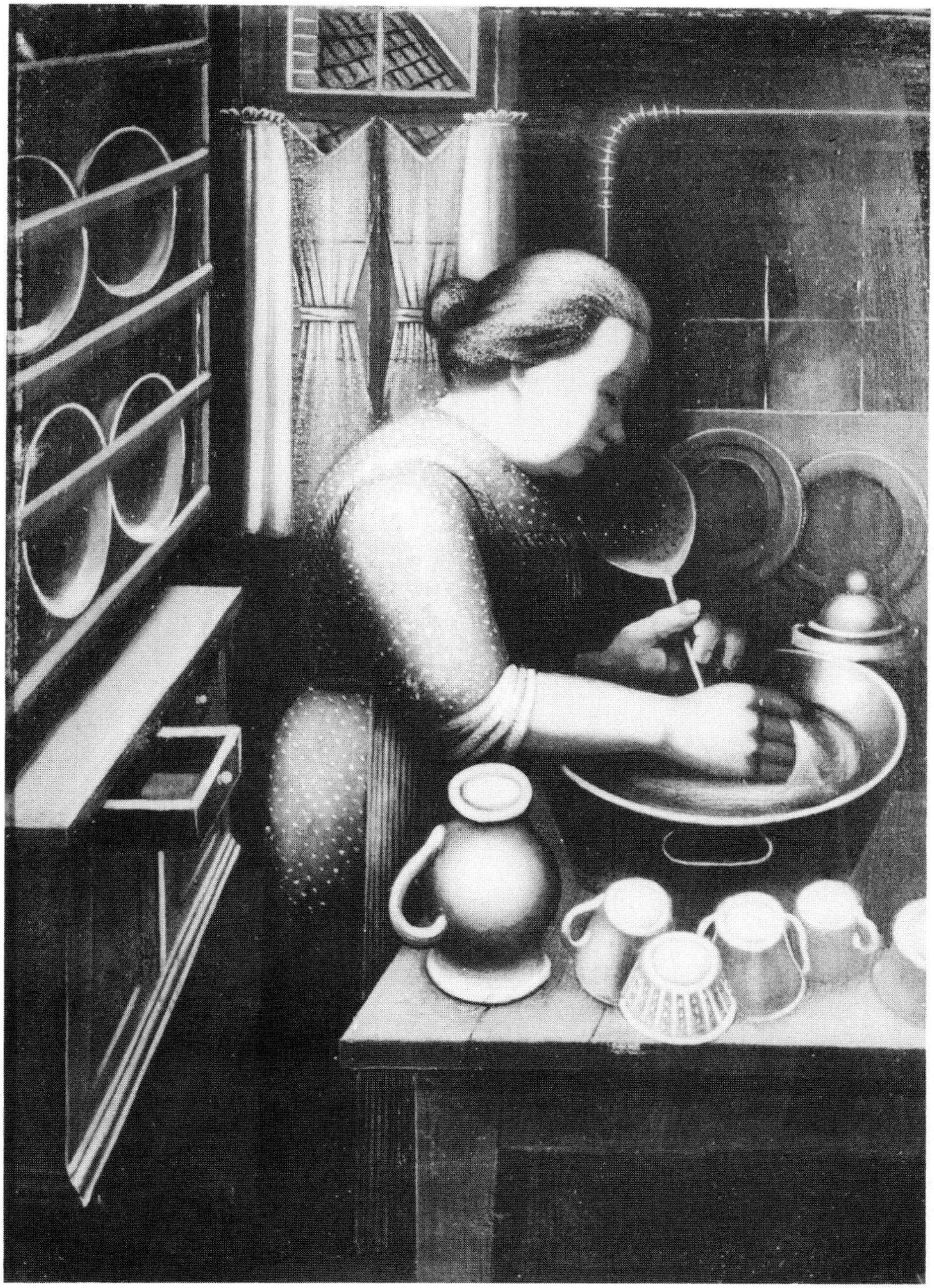

15 Küchenstilleben 1929

Öl auf Holz
45 x 49 cm
Privatbesitz

Auf einer schräg geneigten, angeschnittenen Fläche eines Holztisches sind die Bestandteile eines einfachen Mahles ausgebreitet: eine emaillierte Blechkanne mit Milch, eine Schüssel mit Kartoffeln, drei Heringe auf einem irdenen Teller, eine Zwiebel auf einem weißen Tuch. Eine Mahlzeit der Ärmsten, die ihren Hunger nur mit Milch, Kartoffeln, Hering und Zwiebel stillen können, wird hier wie ein säkularisiertes Stilleben aus dem 17. Jahrhundert präsentiert.
Karg und spartanisch sind die einzelnen Gegenstände wiedergegeben, hart umrissen heben sie sich deutlich voneinander ab. Keine überflüssige Linie scheint ihnen gegönnt. Strukturen sind durch spärliche Strichführung eher angedeutet als imitiert. Die Schuppen der Fische sind asketisch im geometrisierten Muster von Kreuzschraffuren wiedergegeben, die komplizierte Schale der Zwiebel ist zu konkav gekrümmten Linien vereinfacht. Der Blick findet keinen Wiederstand, kann sich nicht in illusionistischen Texturen verfangen. Glatt sind die Oberflächen der Dinge, ohne Höhen und Tiefen, die der Blick ausloten könnte. Wie ausgeschnitten verkürzt sich der Raum zu Flächen, die zum Teil durch harsche weiße Striche konturiert sind. Dennoch erzeugt die Konstellation dieser Flächen Raum, dessen Agens das Licht ist, das schräg von links oben in das Bild einfällt. Doch diesen Raum kann man nicht ertasten, denn dieses Licht ist grell und scharf wie das einer Blitzlichtaufnahme. Jäh scheiden sich Licht und Schatten in schwarze und weiße Partien, die übergangslos kontrastieren. Raum wird durch die Beleuchtung suggeriert, kaum dargestellt.
Es wird kein Zugeständnis an die ohnehin schon reduzierte Farbigkeit der Gegenstände gemacht. Blau, Weiß, Braun, - kühl und kalt wie die blecherne Kanne und Schüssel, wie die drei Fische. Assoziationen stellen sich ein, doch werden die Gegenstände nicht vertrauter. Alltäglich auf den ersten Blick, doch fremd in ihrer Gestalt. Die Dinge lassen sich nicht ertasten, scheinen sie auch zum Greifen nah. Unnahbar, auf einfachste Kontraste verkürzt, verweigern sie sich dem Zugriff. Sinnliche Fülle, Körperlichkeit wird negiert. Natürliches Licht, atmosphärischer Raum ist gewichen. Zwischen diesen Gegenständen, die eher als Abstraktionen ihrer selbst erscheinen, klafft die Leere des künstlichen Raums, der in der Schwärze der Schatten gefriert.

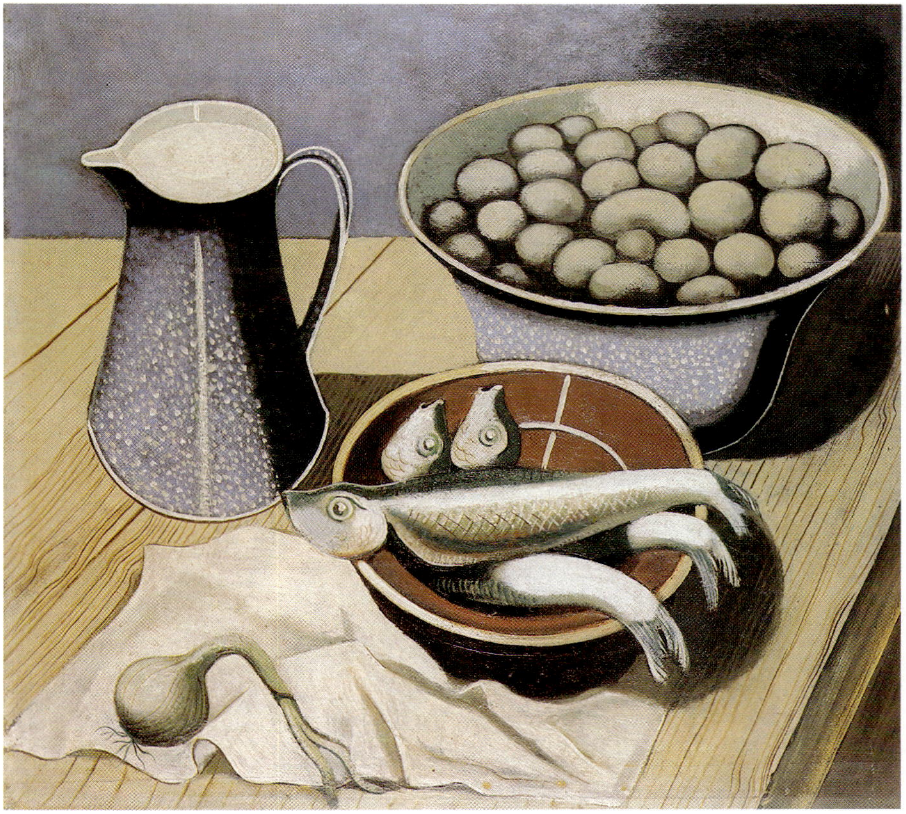

16 Frau in der Vorratskammer 1929
   Öl auf Leinwand
   60,2 x 50,2 cm
   Privatbesitz

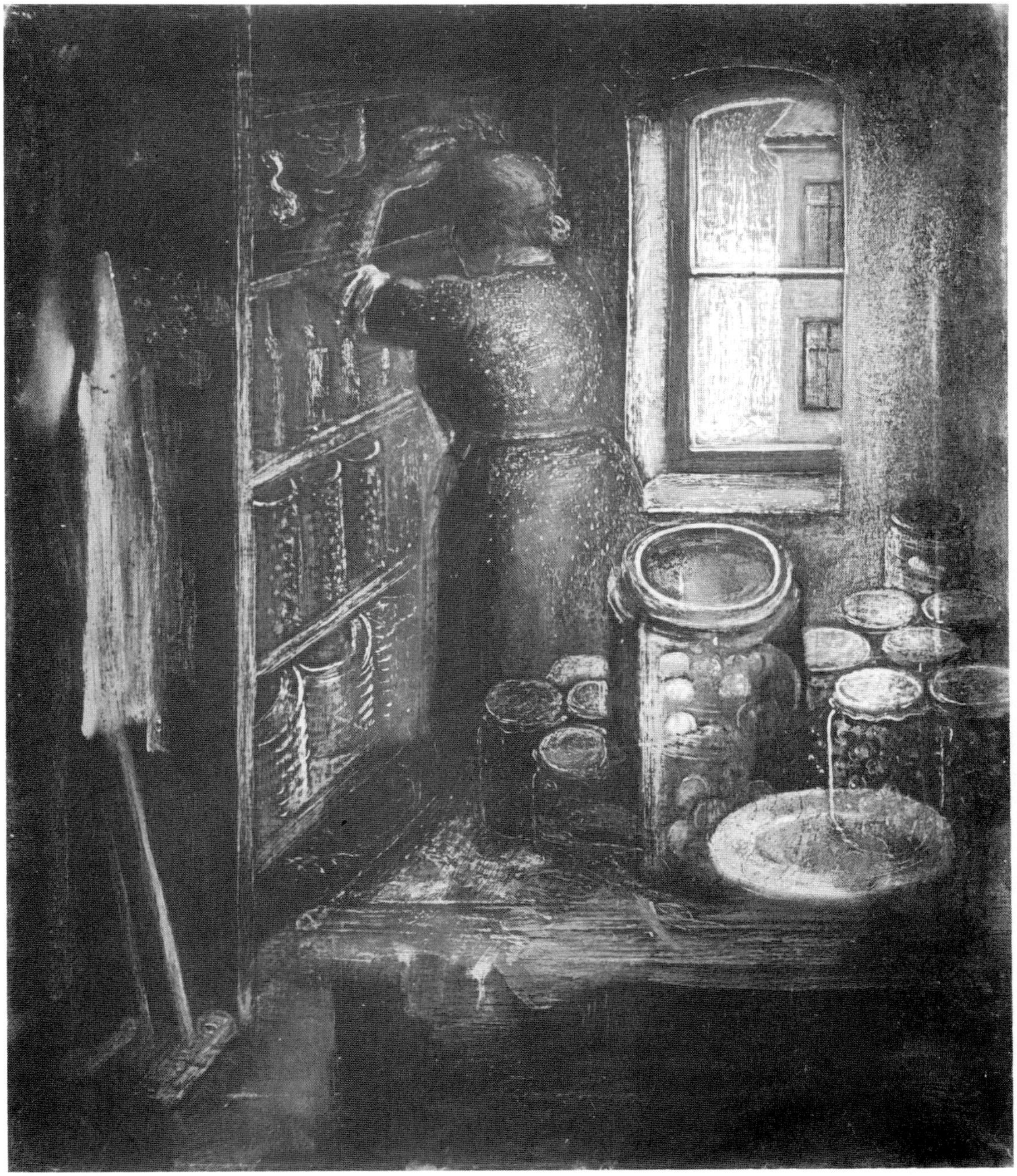

17 Winterbild 1929

Öl auf Leinen
70,3 x 85,8 cm
Kunstmuseum Hannover mit Sammlung Sprengel

Radikal ist das Bild in zwei Hälften unterteilt. Während links die Front eines rot-braunen Laubwaldes die Sicht verstellt, öffnet sich rechts ein weiter Blick ins schneebedeckte Land. Eine schier endlose Reihe von Telegraphenmasten, deren erster Mast auf halber Höhe des Bildes etwa im Mittelpunkt der Bildfläche steht, durchzieht das Land und spannt pfeilgerade die weiße Fläche zu einem unermeßlichen Tiefenraum aus, der sich noch über den scheinbaren Hozizont einer Baumreihe im Hintergrund hinaus erstreckt. Der Blick verliert sich in der Weite, wo Himmel und Erde in unergründlicher Weiße verschmelzen. Wenige zur Bildebene parallele Linien durchfurchen den Grund und gliedern ihn vollends dem Bildformat ein. Von einer Mühle, die unmittelbar neben der Baumkulisse steht, fährt ein Bauer, scheinbar der Geometrie der Landschaft gehorchend, auf rechtwinkligen Wegen mit Pferd und Schlitten zurück. Die prallen Säcke sind sorgsam im offenen Kasten des Schlittens verstaut. Zielstrebig scheint er sich auf der Weggeraden fortzubewegen, doch der zweite Blick macht stutzig. Wohin fährt der Bauer eigentlich?

Während die Silhouette des Schimmels, der den Schlitten zieht, sich parallel zur Bildfläche vor dem Hintergrund abzeichnet, ist der Schlitten selbst in eigenartiger Schrägsicht gezeigt. Schief fährt er scheinbar in die Landschaft hinein, während das Pferd schnurstracks nach rechts läuft. Läßt man nun den Blick noch einmal schweifen, stößt man auf eine weitere Unstimmigkeit. Das Bild zerteilt sich abermals in zwei Hälften. Der Tiefenraum hinter dem Gefährt, der sich kontinuierlich in der Ferne erstreckt, und der flach ansteigende durchfurchte Raum des Vordergrundes sind unterschiedlich geneigt. Wie aus der Vogelperspektive gesehen, kippt er, auf der Höhe der Wegspur, in die Tiefe des Bildes. Das Bild öffnet sich unvermittelt wie der Ausblick aus einem Fenster, dessen Rahmen die Baumkulisse einerseits und die Wegspur des Gefährtes mit der Silhouette der Schimmels andererseits bildet. Der schräggstellte Schlitten vermittelt also zwischen der leichten Steigung des Vordergrundes, der starren Frontalität und dem Tiefenraum im Hintergrund, indem er den Winkel zwischen beiden Neigungen halbierend, beide Gründe in die plane Bildebene - die Frontalität überleitet. Der Angelpunkt dieses in verschiedenen Ebenen aufgefächerten Raumes ist der Telegraphenmast im Zentrum des Bildes.

Mit wenigen graphischen Mitteln ist hier ein höchst kompliziertes Raumgefüge entstanden. Die Weiße der schneebedeckten Landschaft, die das Bild flächig zusammenschließt, bemäntelt die mathematisch ausgeklügelte Raumkonstruktion, indem so nur das Gerippe des Raumes die Verschachtelung skizziert. Die raumbildende, illusionäre Kraft der Malerei erlischt in der weißen Farbe auf weißem Grund. Statt dessen läßt die reduzierte, graphische Linie in der Skizze des Lageplans einen abstrakten Raum aus dem technischen Konstrukt entstehen, der sich nur durch bildnerisches Denken, durch mathematische Phantasie realisiert.

77

18 Nienburg im Winter 1929
   Öl auf Holz
   57 x 84 cm
   Stadt Nienburg

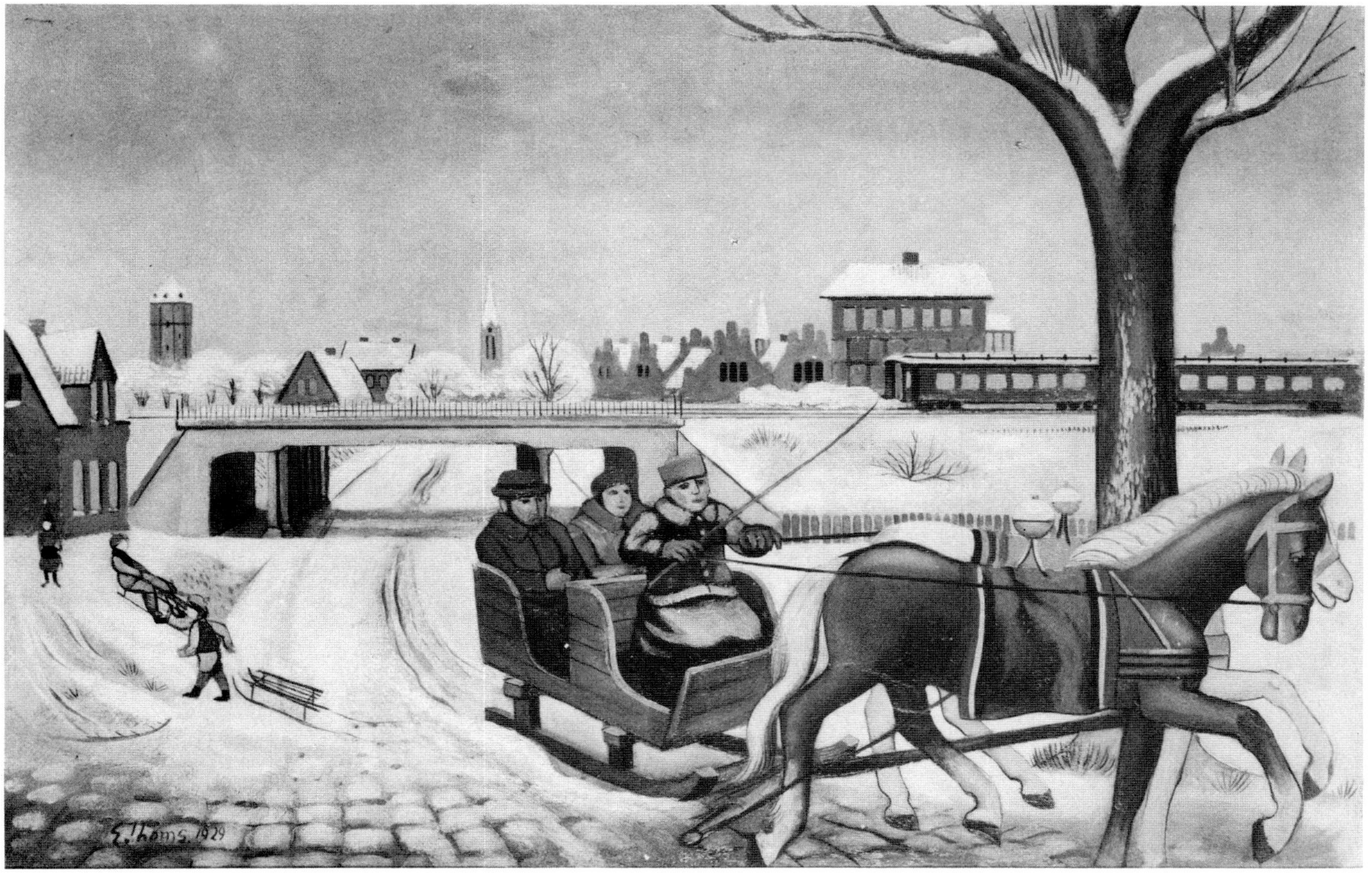
E. Thoms 1929

19 Schwedische Schärenwerft 1930

Öl auf Leinwand
78 x 100 cm
Privatbesitz

Von links oben blickt man aus der Vogelperspektive auf eine Schäreninsel inmitten des Meeres. Im Hintergrund erkennt man noch weitere Inseln, die zum Teil bewohnt sind.
Ein seltsames Konglomerat von Dingen drängt sich da zusammen. Ein übergroßes Segelboot, das an dem Landungssteg liegt, durchdringt mit seinem massigen Rumpf die gesamte Insel, deren beide Ufer es verbindet. Links davon schiebt sich ein auf Pfählen stehendes Plateau ins Bild, auf dem sich ein rotes Doppelhaus erstreckt. Offenbar ist es ein Lagergebäude, denn mehrere Ballen sind aufgestapelt. Ein Segelboot mit gerefftem Segel liegt links vor der Plattform vor Anker. Auf der rechten Seite der Insel erkennt man eine Schiffswerft. Ein Schiff liegt auf Balken an Land, an dem offenbar gearbeitet wird, wie die an die Längsseite gelehnte Leiter andeutet. Am Landungssteg davor ist ein Boot zum Stapellauf bereit aufgebockt. Daneben liegt ein kleines Boot, einfach an Land gezogen, sicher auf dem felsigen Grund. Inmitten aller Schiffsmasten ragen ein Schornstein und die Silhouette einer Windmühle in den Himmel. Scheinbar gibt es neben dem Bootsbau noch ein anderes Gewerbe auf der Insel. Das Gebäude rechts mit dem abgetreppten Dach deutet auf eine Fabrikhalle hin, in der wohl nur der gefangene Fisch des Meeres verarbeitet werden kann. Auch das Gebäude im Hintergrund mit dem hohen Schornstein ist durch die serielle Gliederung der Fassade und die großen Oberlichter im Dach als industrielle Anlage gekennzeichnet. Völlig überfrachtet gibt die Insel zu nichts anderem Raum. Und für die Menschen, die dort arbeiten, gibt es nur an der äußersten Spitze der Insel im Hintergrund ein winziges Haus, das als Wohnhaus dienen könnte. Rauch steigt aus dem Kamin auf und hinter den kleinen Fenstern erkennt man Gardinen.
Eine technische Welt, die in scharfen Konturen umrissen ist, menschenleer. Wie die Aufbauten eines Schiffes schließen sich die Gebäude zur Silhouette einer künstlichen Machination zusammen. Wie ein Schiff schwimmt dieser technische Mikrokosmos auf dem grünen Meer. Eine Sicht, der sich alles unterordnen und auf engstem Raume einfügen muß, schweißt die unterschiedlichen Gegenstände zusammen. Technisch gliedert sich die Insel in Sektoren und Bereiche, die funktional aufeinander bezogen sind, wie eine große Lebensmaschinerie, in der der Mensch kaum noch Platz hat. Abgedrängt auf die karge Spitze ist ihm nur ein geringer Raum zu bemessen. Nur vereinzelte Hinweise - der rauchende Kamin, die abgebrochenen Arbeitsvorgänge - deuten an, daß diese Insel bewohnt ist. Der nüchterne, einseitige Blick konstatiert illusionslos. Die in leuchtenden, stark kontrastierenden Farben - rot, gelb und schwarz - angestrichenen Bauten sind scheinbar brandneu, mathematisch exakt konstruierte Zweckbauten, deren Binnenformen mit den gleichen scharfen Linien umrissen sind wie ihre Konturen. Wie frisch vom Reißbrett stehen sie als synthetisches Machwerk im grünen Meer, dessen intensive Färbung ebenfalls künstlich wirkt.
Jeder Rest einer organischen Natur ist hier getilgt. An ihre Stelle ist eine präfabrizierte Spielzeugwelt aus dem Modellbaukasten getreten - geschichtslos und irreal.

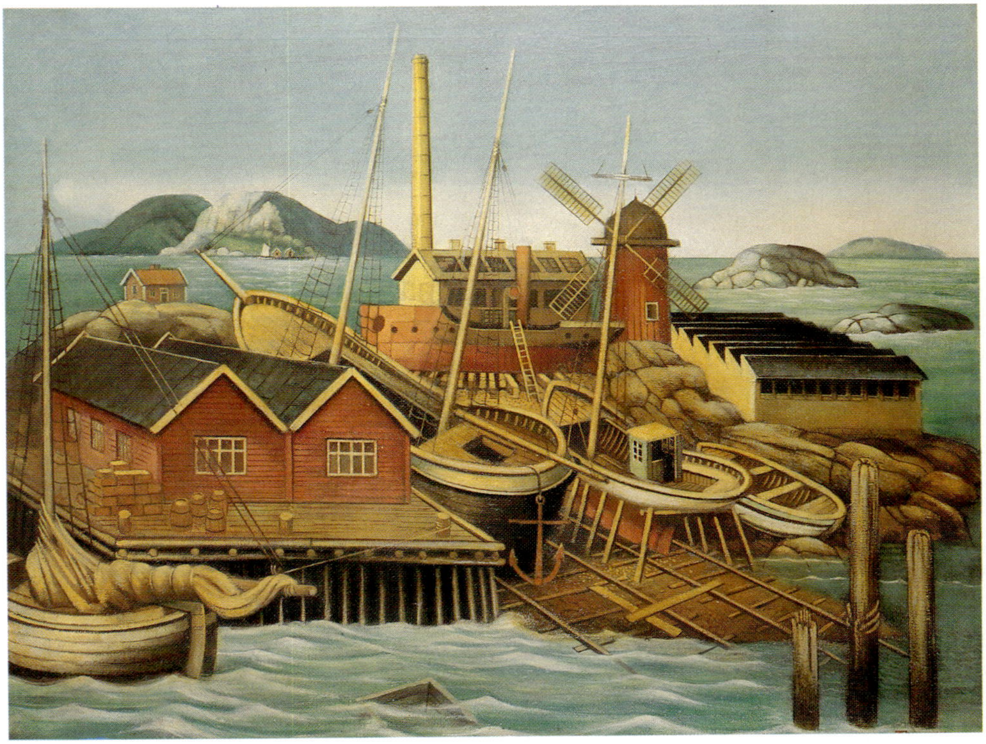

20 Schwedische Landschaft 1930

Öl auf Leinwand
88 x 98 cm
Privatbesitz

Das Bild zeigt den Blick auf eine Hafenlandschaft in einer zerklüfteten Felsenbucht. Drei Schiffe, die sich von rechts ins Bild schieben, liegen diagonal hintereinandergestaffelt im Hafen. Der Kutter mit gereffter Vorschot ist noch aufgetakelt, vielleicht ist er gerade erst eingelaufen oder bereit zur Abfahrt wie der Dampfer im Hintergrund, dessen Schornstein noch raucht und der auf feuriger, roter Linie über dem Wasser schwebt. Schwarz hebt er sich von den übrigen hölzernen Booten ab, deren Farbe dem felsigen Land angeglichen ist. Sogar ihre Segel sind erdig braun. Schwer neigt sich ein anderes Boot zur Seite, dessen Segel bereits eingerollt ist. Im Hintergrund überschneiden sich die Segel von Booten, die vor Anker liegen, im Mastenwald. Breit und behäbig schiebt sich an der linken Bildecke ein abgetakelter Kutter ins Blickfeld, dessen Heck eine aus dem Wasser ragende Felskuppe berührt. Er hat weder Segel, noch ist er vertäut. Er liegt - vielleicht ist er aufgelaufen - ruhig im Wasser.

Verwirrend ist der Blick über das Bild. Da wechselt Land und Meer, Wasser und Fels und es will nicht gelingen den eigenen Standpunkt zu orten: Befindet man sich auf Land oder auf Wasser, im Boot oder auf einem Felsen? Unterschiedliche Blickpunkte, die die Boote einmal seitlich, dann wieder von oben zeigen, setzen unterschiedliche Standpunkte voraus. Der erste zeigt die Längsseiten der Boote vom rechten Bildrand aus schräg durch das Bild, bis der Blick auf die Wand des Felsmassivs prallt. Ein anderer Standpunkt, links oben, zeigt die zum Betrachter geneigten Boote und öffnet den Blick auf das zweite Hafenbecken rechts im Hintergrund des Bildes. Die dritte Blickrichtung führt gradlinig ins Bild hinein auf die Häuserfronten vor dem Felsmassiv zu. Im Schnittpunkt dieser Blickrichtung schiebt sich eine Landzunge oder Insel ins Blickfeld. Längs der Befestigung, an der ein Kutter angelegt hat, steht ein altes Lagerhaus, über dessen Dach ein Segel ragt, das sich offensichtlich im zweiten Hafenbecken befindet. Kleine rote Häuser säumen diese Bucht im Hintergrund, deren Befestigung sich noch ein Stück weit ins Meer erstreckt. Doch der Blick auf das offene Meer ist verstellt durch einen Ausläufer des Felsmassivs, das sich wuchtig vor dem hohen Horizont erhebt, in dem die unterschiedlichen Blickrichtungen eingeebnet sind und sich, durch einen kühnen Satz über die Sichtschranken, versöhnen.

Die winzigen roten Häuser scharen sich bis auf zwei auf der Spitze des Felsens um dieses kahle Massiv. Sie scheinen aus einem Baukasten gefallen zu sein. Einheitlich rot angestrichen, heben sich nur Eckständer und Giebel als schmale gelbe Balken ab, die den Umriß der Häuser betonen. Fenster- und Türöffnungen sind einfache dunkle Rechtecke. Längs,- Quer- und Frontansichten der Häuser verschachteln sich zur Silhouette eines Dorfes, das sich am Fuße des Berges zusammendrängt.

Seltsam ist diese Landschaft ohne Baum und Strauch, ohne Wege, die die Häuser verbänden, braun der rissige Fels, die hölzernen Boote mit ihren Segeln und doch bunt changierend, künstlich wie der grüne Himmel hinter den weißen Wolken, die grasgrünen Untiefen des Meeres unter der weißen Gischt, die roten Häuser.

Naiv bezeichnen nur Farben und Linien die schattenlosen Dinge, für die die Gesetze eines kontinuierlichen Raumes außer Kraft gesetzt scheinen. Gleich

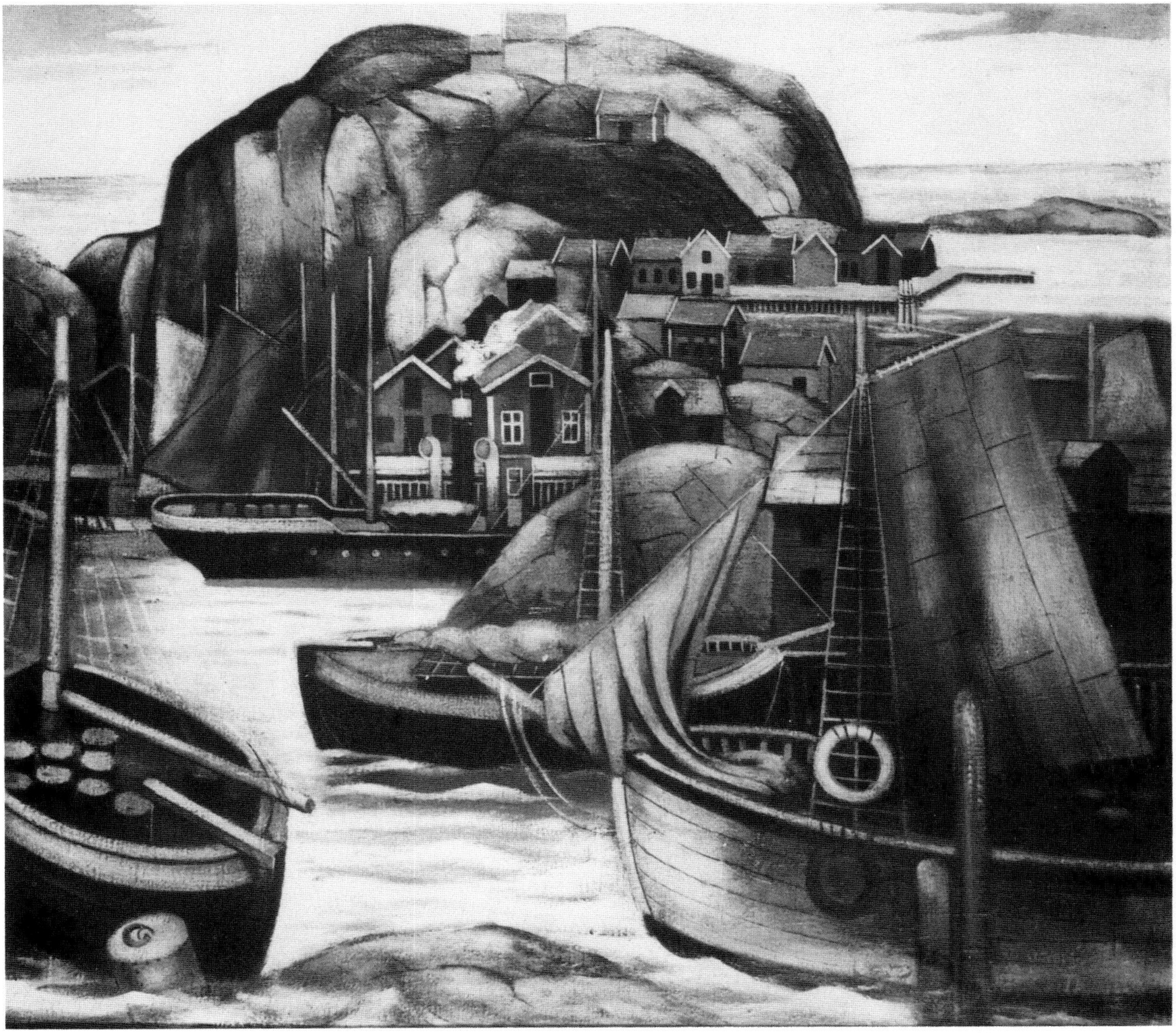

scharf zeichnen sich ihre Formen auf allen Ebenen und aus allen Ansichten klar ab.

Eine bunte Spielzeugwelt, einfach und doch verwirrend. Wie mit Bauklötzen hantierend, muß der Betrachter sich immer neue Rauminseln in dieser Landschaft erobern, immer neue Wege zwischen den Dingen finden, will er sich im Raum bewegen. Seine Raumvorstellung stürzt unvermeidlich immer wieder in sich zusammen - und das Spiel kann an einer anderen Ecke erneut beginnen.

21 Kellerstilleben 1932
Öl auf Leinwand
57,8 x 76 cm
Privatbesitz

85

22 Selbstbildnis 1932
   Öl auf Leinwand
   29,3 x 25,4 cm
   Privatbesitz

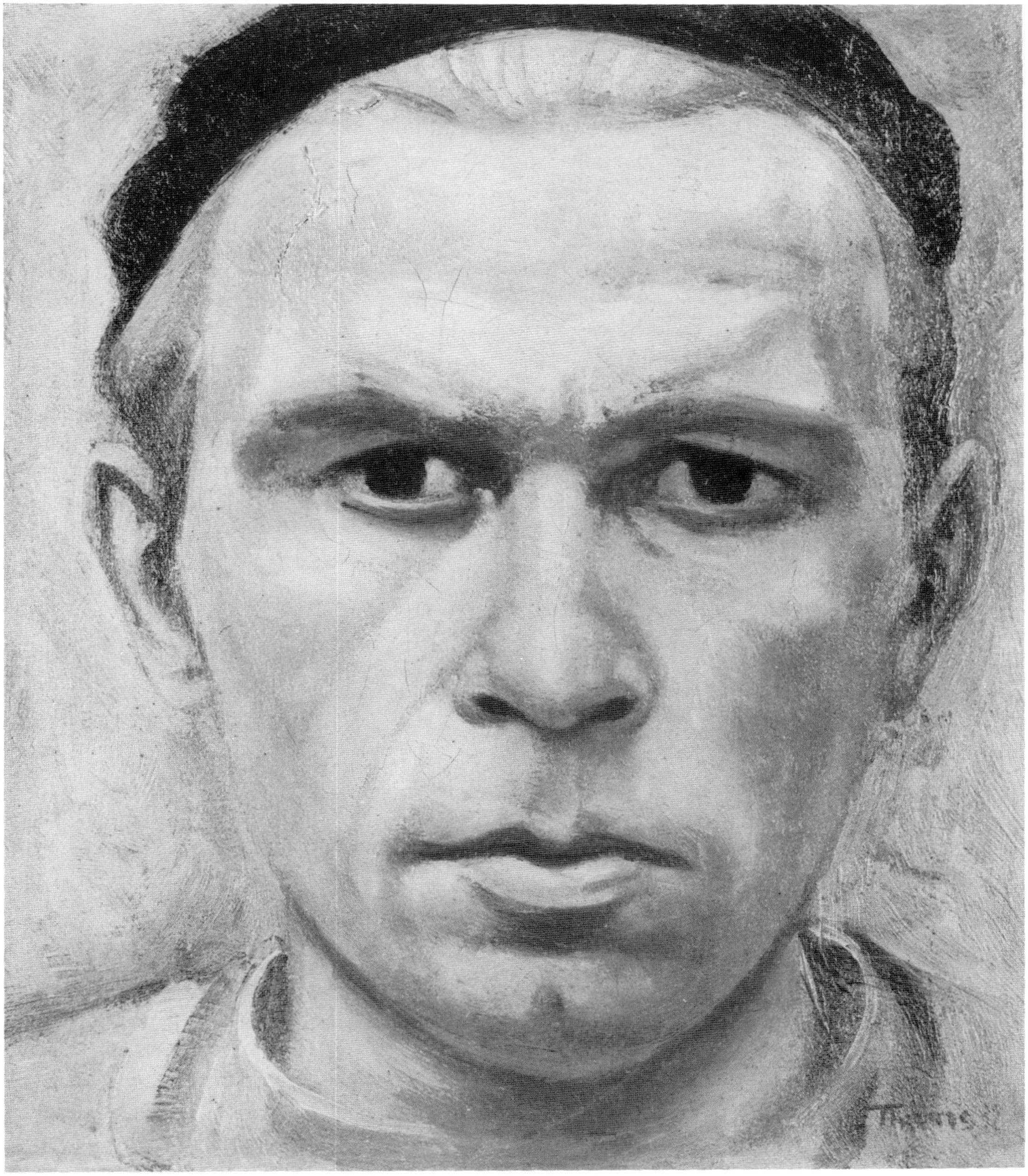

23 Turmbau 1937
   Öl auf Leinwand
   171 x 152,5 cm
   Privatbesitz

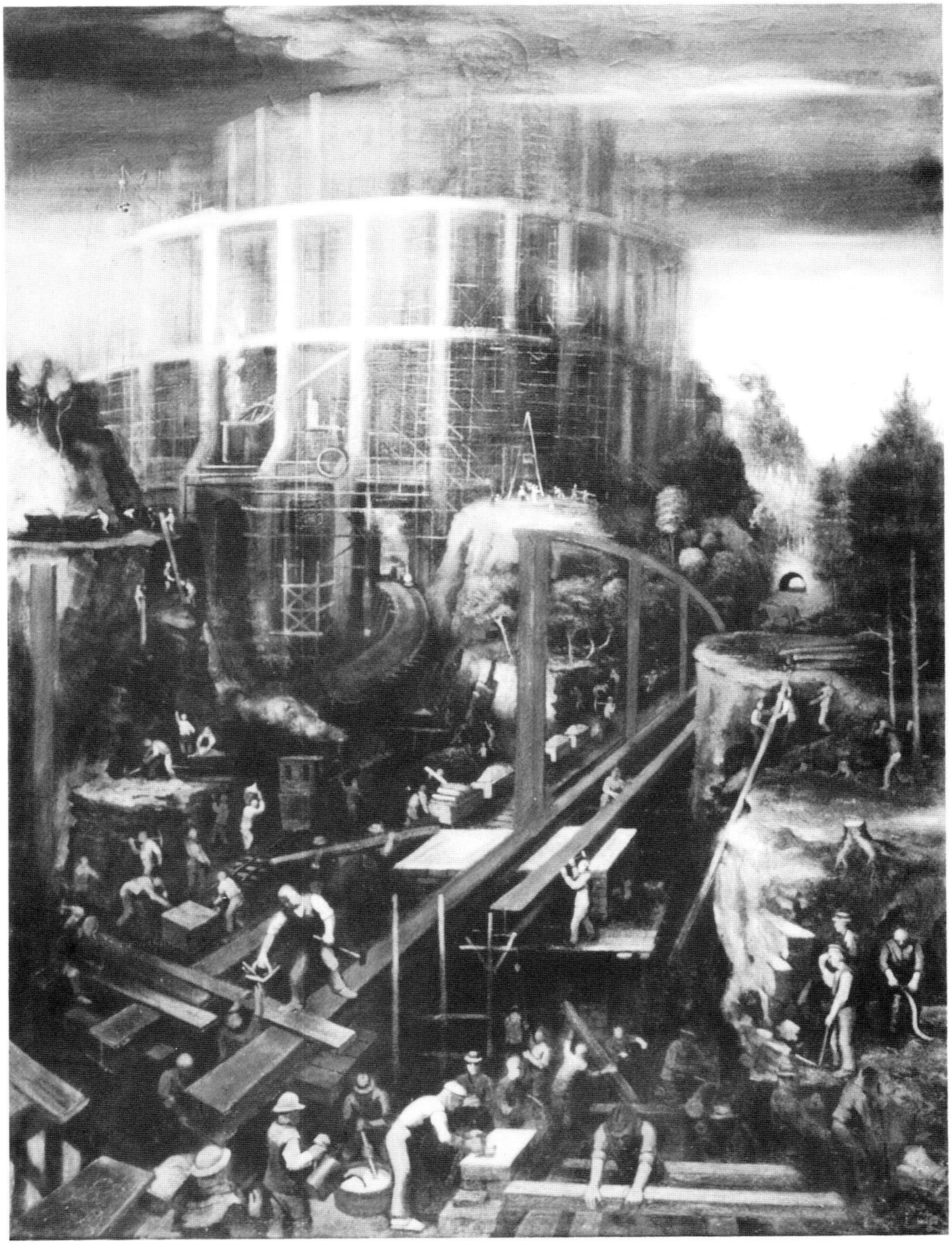

Gouachen, Aquarelle
und Zeichnungen

24 Frau mit Ziegen 1922
Aquarell
50 x 40 cm
Kunstmuseum Hannover mit Sammlung Sprengel

25 Mädchen mit Katze 1922
Aquarell
50 x 40 cm
Kunstmuseum Hannover mit Sammlung Sprengel

26 Mädchen und Husar 1924
Gouache
32,8 x 24,3 cm
Privatbesitz

27 Jäger und Mädchen 1924
Farbstiftzeichnung
40 x 29,4 cm
Privatbesitz

28 Frau mit Hut 1925
Gouache
25,5 x 21,8 cm
Privatbesitz

29 Winterbild 1925
Federzeichnung
26,8 x 21,4 cm
Privatbesitz

30 Frau mit Handtasche 1926
Gouache
53,7 x 29,8 cm
Privatbesitz

31 Im Café 1925
Aquarell
31 x 26 cm
Kunstmuseum Hannover mit Sammlung Sprengel

32 Dame im Café 1925
Tuschezeichnung
25 x 15 cm
Kunstmuseum Hannover mit Sammlung Sprengel

33 Im Wiener Caffée 1925
Rötelzeichnung
28 x 22 cm
Privatbesitz

34 Auktion 1925
Tuschezeichnung
25 x 32 cm
Kunstmuseum Hannover mit Sammlung Sprengel

35 Trödelladen 1926
Gouache
43 x 30 cm
Kunstmuseum Hannover mit Sammlung Sprengel

36 Der kranke Maler 1926
Kreidezeichnung
32,8 x 25,6 cm
Privatbesitz

37 Alte Köchin undatiert
Bleistiftzeichnung
16,5 x 9,8 cm
Privatbesitz

38 Es ist Winter 1928
Mischtechnik
43 x 56,8 cm
Privatbesitz

39 Moorlandschaft 1932
Aquarell
45,5 x 62,6 cm
Kunstmuseum Hannover mit Sammlung Sprengel

40 Waldlandschaft 1932/33
Aquarell
79 x 119 cm
Kunstmuseum Hannover mit Sammlung Sprengel

41 Alte Mühle im Sumpf 1933
Aquarell
50 x 63 cm
Kunstmuseum Hannover mit Sammlung Sprengel

42 Tauwetter 1934
Mischtechnik
45 x 55,4 cm
Privatbesitz

Literaturauswahl

Richard Bie, Deutsche Malerei der Gegenwart, Weimar 1930.
Carl Einstein, Die Kunst des 20. Jahrhunderts, Berlin 1926.
Georg Grabenhorst, Ernst Thoms, Niedersächsische Künstler der Gegenwart Bd. 4, Göttingen 1965.
Werner Haftmann, Malerei im 20. Jahrhundert, München 1954.
Wilhelm Hausenstein, Die Kunst in diesem Augenblick, München 1920.
Wolfgang Hütt, Wir und die Kunst. Eine Einführung in die Kunstbetrachtung und Kunstgeschichte, Berlin (DDR) 1959.
Pavel Liska, Die Malerei der neuen Sachlichkeit in Deutschland, Diss. Düsseldorf 1976.
Franz Roh, Geschichte der deutschen Kunst von 1900 bis zur Gegenwart, München 1958.
Franz Roh, Nach-Expressionismus, Magischer Realismus. Probleme der neuesten europäischen Malerei, Leipzig 1925.
Fritz Schmalenbach, Die Malerei der „Neuen Sachlichkeit", Berlin 1973.
Fritz Schmalenbach, The term „Neue Sachlichkeit", in: Art Bulletin, 1941, S. 161-165; wiederabgedruckt in: ders. Kunsthistorische Studien, Basel 1941, S. 22 ff.
Diether Schmidt, Otto Dix im Selbstbildnis, Berlin (DDR) 1981.
Wieland Schmied, Neue Sachlichkeit und Magischer Realismus in Deutschland 1918-1933, Hannover 1969.
Uwe Schneede, Die Zwanziger Jahre, Manifeste und Dokumente deutscher Künstler, Köln 1979.
Erich Steingräber (ed.), Deutsche Kunst der zwanziger und dreißiger Jahre, München 1979.
Emil Utitz, Die Überwindung des Expressionismus, Stuttgart 1927.

Kataloge

Neue Sachlichkeit, Haus am Waldsee, Berlin 1961.
Die Zwanziger Jahre in Hannover, Kunstverein Hannover 1962.
Magischer Realismus in Deutschland 1920-1933, Kunst- und Museumsverein Wuppertal 1967.
Realismus in der Malerei der zwanziger Jahre, Kunstverein Hamburg 1968.
Neue Sachlichkeit in Hannover, Kunstverein Hannover 1974.
Realismus und Sachlichkeit, Aspekte deutscher Kunst 1919-1933, Staatliche Museen zu Berlin, Berlin (DDR) 1974.
Ernst Thoms - Ölbilder, Aquarelle, Fachhochschule Nienburg, Nienburg 1975.
Neue Sachlichkeit und German Realism of the Twenties, Arts Council of Great Britain/Hayward Gallery, London 1978/79.
Ernst Thoms, Bilder aus Nienburger Privatbesitz, Nienburg 1981.